マス・コミュニケーション研究

（新聞学評論・改題）

71

シンポジウム　水俣病事件報道を検証する

日本マス・コミュニケーション学会

2007

目　次

■ 2007年度春季研究発表会
　シンポジウム
　「水俣病事件報道を検証する」……………………………………… 1
　　　基調講演者：原田正純
　　　問題提起者：高峰　武　村上雅通
　　　討　論　者：小林直毅　大野哲夫　山本武利
　　　司　会　者：大石　裕

■ 第70号「マス・コミュニケーション研究：回顧と展望」（承前）
　　メディアとグローバリゼーション ………………… 鈴木　雄雅 … 53

■ 論文
　〈広告製作者〉の起源® ……………………………… 加島　卓 … 66
　　──1920年代における「商業美術家」と
　　　形式主義の言説空間──
　「音楽メディア」としてのFMの生成® ……………… 溝尻　真也 … 87
　　──初期FMにみるメディアの役割の変容
　情報ワイド番組における「ニュース・
　ストーリー」の構成と理解の実践過程® … 是永　論・酒井信一郎 … 107
　　──BSE問題における「リスク」を事例に

■ 2006年度秋季研究発表会　ワークショップ報告 ………………… 129
　　1　メディア文化における身体表象 ………… 記録　田中　東子
　　2　新聞と新聞マンガを考える ……………… 記録　岡部　拓哉
　　3　災害・事故・事件報道にみる
　　　　ジャーナリストの惨事ストレス ………… 記録　小城　英子
　　　　──ストレスケアシステムの構築をめざして──

- 4 CATVの50年間 …………………………… 記録　牛山　佳菜代
　　──コミュニティ・チャンネルは根付いたか
- 5 「市民ジャーナリズム」の課題と展望 …… 記録　津田　正夫
- 6 デジタル放送時代における
　　放送制度を考える ………………………… 記録　岡村　黎明
- 7 通信・放送融合をもたらす
　　新しいメディア秩序 ……………………… 記録　音　　好宏
　　──IPTVを題材に──
- 8 「此国」から「我国」へ ………………… 記録　鈴木　健二
　　──明治期の新聞における「国」と民衆の国家観
- 9 メディアと戦争の歴史を考える …………… 記録　有木　靖人
　　──メディア環境の変化，
　　　ジャーナリズムの役割をめぐって──
- 10 「グローバル・ジャーナリズム」は可能か … 記録　内藤　耕
　　──欧米とイスラーム世界のメディアから
　　　ナショナルな視点を超えるジャーナリズムを考える

■ 日本マス・コミュニケーション学会『マス・コミュニケーション研究』
投稿規程 ……………………………………………………………… 149

■ 日本マス・コミュニケーション学会『マス・コミュニケーション研究』
執筆要領 ……………………………………………………………… 151

■ **英文抄録** …………………………………………………………… 157

> 2007年度春季研究発表会

シンポジウム
「水俣病事件報道を検証する」

基調講演
　原田正純（熊本学園大学）
問題提起者
　高峰　武（熊本日日新聞）
　村上雅通（熊本放送）

討論者
　小林直毅
　　（県立長崎シーボルト大学）
　大野哲夫（熊本学園大学）
　山本武利（早稲田大学）
司会者
　大石　裕（慶応義塾大学）

　この記録は，2007年6月9日の学会シンポジウム「水俣病事件報道を検証する」の基調講演，問題提起，その後の質疑応答を再録したものである。なお，文言などに関しては若干の修正を加えた。紙幅の都合上，フロアからの質問とそれへの応答，そして議論は省略させていただいた。

　このシンポジウムは，2006年が水俣病公式確認50年であったこと，そして「水俣学」を主導する熊本学園大学で学会が開催されることから企画された。事前に適切な準備をしていただいた登壇者の発言は，いずれも貴重なものであった。それは聴衆にも十分伝わっていたと思う。基調講演では水俣病事件の歴史的重さが，問題提起では新聞・放送ジャーナリストの役割の重さが改めて実感させられた。特に，数分間のビデオ上映の後の会場の張りつめた雰囲気は忘れることはできない。そうした会場の雰囲気を，この記録からぜひ感じとっていただければと思う。

　シンポジウム開催にあたっては，登壇者はもちろんのこと，多数の方々にご協力いただいた。特に，守弘仁志会員（熊本学園大学）には，準備段階から大変お世話になった。ここに記して感謝の意を表したいと思う。

（大石　裕）

基調講演「医療からみた水俣病事件報道」

原田正純（熊本学園大学）

　私は医学が専門なので，こういう学会には出たことがないので，基調講演といわれると何を話してよいか迷っています。水俣病が正式に発見されてから50年が経っていて，この50年を30分で話すのは難しくて，何を話そうかと昨日から悩んでいます。

　しかしいずれにしましても，この水俣病事件は，たしかに水俣病という病気ですから医学が関与しなくてはならないこと，これは申すまでもないのです。しかし，水俣病の場合，これはきわめて社会的な病気です。それを長い間医学にまかせてしまったことに悲劇の一つがあったと思うのです。きわめて社会的な病気ですから，いろいろな分野の人たちが参加すべきだったと思います。ところが，初期の頃はやむをえなかったとしても，すべてを医学にまかせてしまった。そのことが今日まで水俣病の問題を解決できないでいる大きな原因ではなかろうかと私は思います。きわめて社会的，政治的な事件なのですが，それを医学だけという狭い分野だけに閉じ込めてしまってそれを解決しようとした。しかも医学といってもかなり分野は広いのですが，それを神経内科とか，それから症状がいくつあったら水俣病というかといった，非常に狭い問題として，この膨大な水俣病事件を閉じ込めてしまったことに，水俣病事件の悲劇があったというような気がします。

　そういう意味で，この10年はいろいろな分野の方が水俣病の研究に入ってこられたので，心強くも思っているわけです。今日は30分で50年を話すのは難しいですけれども，いくつか思いつくまま話して，このあとの議論の材料になればと思います。

（スライド：『熊本日日新聞』1954年8月1日の記事。以下はその本文。）

　三一日，水俣市茂道漁業石本寅重さんは市衛生課を訪れ，ねずみが急増して漁村を荒し回り，手がつけられないと駆除方を申し込んだ。

　同部落は百二十戸の漁村だが，不思議なことに六月初めごろから急に猫が狂い死し始め（部落ではねこテンカンといっている）百余匹いた猫がほとんど全滅してしまい，反対にねずみが急増。大威張りで部落中を荒し回り，被害はますます急増する一方，あわてた人々は各方面から猫を貰ってきたが，これもまた気が狂ったようにキリキリ

舞して死んでしまうので市に泣きついてきたものと判った。
　なお同地区は水田はなく農薬の関係なども見られず，不思議がるやら気味悪がるやら衛生課でもねずみ退治にのり出すことになった。

　これが，水俣病事件が初めてマスコミに姿を現したもので，熊本の地元新聞の熊本日日新聞が，水俣病のことというよりも，猫がおかしくなったという話を記載しています。これがおそらく水俣病事件が天下に記載された最初の記事だと思います。このときにこれを書いた記者は少し面白おかしく書いているような感じがするのですけれども，突っ込んで現場に行ってみていれば，何か見つかったかもしれないです。もうこのときは患者が出ていたわけですから。

（スライド：『熊本医学会雑誌』の報告）

　これが，それから2年後，1956年に熊大が水俣病を発見したという最初の報告です。この報告でおわかりのように子どもがつぎつぎと発病したので発見されたのです。実はそれよりずっと前から発病はあったのですけれども，大人の場合はいろいろな病気があるものですから他の病気と考えられていたのです。子どもが集団的に発病したので，水俣病は正式に発見された。驚いて，細川先生（細川一チッソ附属病院長）とチッソの附属病院の小児科医師が保健所に届けた。それが5月1日です。1956年の5月1日ですから去年の5月1日でちょうど50年になるわけです。このとき，1歳だった人はもう50歳なわけです。本当に長い歴史を水俣は歩いてきているわけです。にもかかわらず，なぜ，未解決なのだろうということを考えていきたいと思います。

写真1　患者第1号の家

　（写真1）これが患者正式発見第一号の家です。あたりまえのことですけれども，環境汚染によって，被害が出るときには，自然のなかで自然とともに生きている人たち，そういう人たちが，まず最初に犠牲になり，被

害を受けるわけです。そうしてこういった自然とともに生きている人たちというのは，自らの権利だとか，自らの意見を表現することが不得意な人たちが多いのです。世界中どこに行ってもそうなのですけれども，自然のなかで自然とともに生きているという人たちは，どちらかというと社会的には弱い立場の人が多い。そういう現実があるわけです。水俣でも，最初に水俣病になった人たちは，大きな権力をもっているわけでもないし，発言力をもっていたわけでもない人たちだったのです。

（スライド：第1号の患者の写真）

　これは正式発見第1号の患者です。この子は3歳のときに発病したのです。それからもう50年たちますから，今50いくつです。もし彼女が病気にかからなかったら，今頃孫くらい抱いていたかもしれないですね。しかし彼女の時間は50年前で止まってしまった。5歳で発病した彼女のお姉ちゃんはもう亡くなってしまいましたが，この子は今も生きているわけです。この子は本当に言葉が何もないし，何も自分ではできない。けれども，彼女が存在していることは，私たちにとって非常に大きな意味があります。彼女が生きているかぎりは，誰がなんといおうと，水俣病問題は終わらない。終わっていないということを示しているわけです。非常に大切な患者さんです。
　最初は伝染病が疑われました。このことが患者の差別に大きな影響を与えることになるわけです。今の患者のお母さんがいっていたのは，「わたしがばかなこといったばかりに差別を受けた」と，「猫の病気がうつったんじゃないか」と，保健所の人にいったというのです。それがもうひろがってしまって，いわゆる隔離病棟（伝染病棟）に移されて，人々から差別を受けた，とこういっているのですけれども，実はちょっと違うのです。何もこのお母さんが「猫の病気がうつった」といったから差別を受けたわけではないのですね。差別とは非常に根深いものがあって，病気に対する差別だとか，それに公害にしても，社会のマイナスの部分というのは，むしろ差別のあるところに皺寄せがくるという構造があるわけです。何も彼女がいったから，差別されたわけではないのですが，しかし彼女のお母さんは死ぬまで悔やんでいました。「私が変なこといわんだればよかった」というのです。

（スライド：食品衛生法を適用して水俣湾の漁獲を禁止する行政措置について，熊本県衛生部長からの照会にたいする，厚生省公衆衛生局長からの回答文書の一部。以下は，その記述）
　水俣湾内特定地域の魚介類のすべてが有毒化しているという明らかな根拠が認められないので，当該特定地域にて漁獲された魚介類のすべてに対して食品衛生法第四条第二号を適用することはできないものと考える。

　伝染病ではないということは，すぐにわかったわけです。魚を食べるのを禁止すればよかったわけです。あるいは魚を獲るのを禁止すればよかったわけです。しかし行政は何もしなかったわけです。ここに書いてあるように，食品衛生法を適用させれば，被害は最小限にすんだはずです。ところが食品衛生法を適用しない。それは原因がわからない，何が原因かというわけです。しかし，原因は魚なのです。けれども，その魚のなかの何が原因物質かわからなかったのです。これはちょうど，たとえば，仕出し弁当で食中毒になったときに，仕出し弁当のなかには天ぷらも刺身も入っていて，そのどれが原因なのかわからないといって仕出し弁当を売りつづけるようなものです。しかし行政は，原因がわからないといって，食品衛生法を適用しなかった。そのことが被害を拡大したのです。この責任は非常に大きい，と私は思っています。
　（写真2）これは，水俣病の多発地区ですけれども，当時の佇まいです。船がほとんどいなくなってしまった。魚を獲っても売れないわけです。漁師にとって魚が売れないということはもう，明くる日から何を食べていけばよいかと，経済的にも非常に追い込まれていきました。

　患者は続々と発見され，その年の夏になると，熊大の研究班が参加してきます。しかし原因がわかりません。原因が魚であることが明らかになっても，原因物質が解明されていないことで「原因がわからない」といって，行政は何もしません。したがって熊大としては原因物質を明らかに

写真2　患者多発地区の湯堂

することが至上命令になってくるわけです。そこで，水俣病が発生する前に猫が狂ったという事実をつかんで，それを一つのヒントとして研究を進めていきます。

（スライド：タリウム説，マンガン説，セレン説，そして水銀説を報じる新聞記事）

そして最初は，タリウム説（最初は，伝染病といわれましたがこれはすぐに否定されています），それからマンガンではないかとか，あるいはセレンではないかとか。タリウム説が出たときに，タリウムを計ってみるとヘドロから高濃度のタリウムが高濃度に検出されたわけです。マンガンではないかと計ってみると，マンガンも高濃度に検出されるわけです。要するに何でもあるわけです。だから説がいろいろ出てくるわけです。

水銀だとわかってくるのは，これから2年半後です。この2年半の空白というのが非常に大きかったです。このときに，熊大だけではなくて，医学だけにまかせてしまったというのが間違いだったのです。工学部とか，化学の専門家が参加してくれればよかったのですけれども，医学だけに丸投げしてしまったのです。医学は工場のなかのことは何も知らないわけです。だからそういう意味で原因がなかなか明らかにならなかったのです。

マスコミでは，原因がいつまでもわからないことを非難するような論調になってくるわけです。そして次から次へと説が出てくるものですから，マスコミもひっかきまわされるわけです。まあそういうことで，熊大は，何をやっているのだろうと非難を浴びることになります。

（スライド：有機水銀説にたいするチッソの「反論」を掲載した『水俣工場新聞』）

ところが，2年半を経て有機水銀にたどりつくことになります。それまでにはいろいろな説がありましたが，水銀説にたどりついた途端に，それまで無視していたチッソがキャンペーンを張って激しく反論をやり出します。おそらく，熊大ではなかなか原因究明は無理だろうと思っていたのではないでしょうか。ところが核心に触れてきたものだから，急遽反論をやり出します。反論どころか，学者が動員されます。

（スライド：東京工業大学の清浦雷作教授が有機水銀説を否定したことを伝える新聞記事。このほかに有機水銀説を否定するために動員された学者として，日本化学工業協会の大島竹治理事，東邦大学の戸木田菊次教授の名前）

　たとえば東工大の清浦雷作教授は，水銀ではなく，魚のなかの有機アミンだという説を出します。それから戸木田菊次教授は，実験をしています。水俣の漁師は貧しいから腐った魚を食べたのではないかと論文に書いてあります。いろいろなところから魚をとってきて腐らせて猫にやったら猫が死んだ。あたりまえではないですか。問題は，死んだ猫が水俣病だったかどうかが問題で，それはやっていないのです。そういうことを論文に書いて発表していますから，今でも私たちは見ようと思えば見られるわけです。それから大島竹治という人は，日化協（日本化学工業協会）の理事をしていた人で，この人は爆弾説などといって，戦時中，水俣湾に爆弾を投げ込んだその影響だというのです。この人はぜんぜん悪いと思っていない。自分の協会のメンバーの会社が，「困った，助けてくれ」といってきたから，助けてやって何が悪いと，こういう感じです。それもひとつの理屈ですね。そういうことで，熊大は袋叩きにあうわけです。

　渡辺（栄蔵）さんという第一次訴訟の原告団長の話を聞いたのですが，何が正しいか，このときには素人はわからないわけです。マスコミには，タリウム説が出たり，マンガン説が出たり，水銀説が出たり，水銀でだいたい固まりそうだというときに，アミン説とか，腐った魚の説とか，爆弾説とか出てくるわけです。新聞は，それを平等に取り上げるけれど，患者の方としてみれば，どれが正しいかわからない。あの1959（昭和34）年に（患者たちが）座り込みをしていた，そのときにまた新しい説が出た。これではいつになったら解決するかわからないというので，あの非人道的といわれた「見舞金契約」を慌てて結んでしまうのです。12月30日，明日大晦日だという日に，寒いなかを患者たちは座り込んでいた。ところが，また新しい説が出て，「これはいつになったら解決するかわからない」ということで，非常に不利な「見舞金契約」，後に裁判で人道的に問題だといって批判される契約を結んでしまいます。そういう意味ではマスコミの力はあのときは大きかったわけです。つぎつぎに説が出て，患者さんは頭が混乱してしまい，そこにつけこまれて，後から非人道的といわれた「見舞金契約」を結んでしまったということになります。

写真3　百間排水口

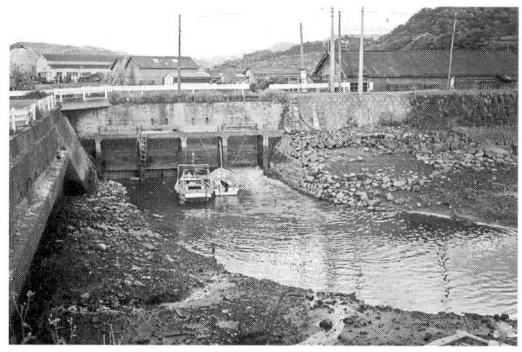

写真4　不知火海

水俣病が公害の原点というのは
1．環境汚染と食物連鎖
2．胎盤を経由した中毒の発生

——魚湧く海——

写真5　典型的な不知火海漁村

芋と魚が常食

　復唱しますと，工場のなかでメチル水銀ができて，工場の排水口（写真3）から流れていくわけです。工場から見ればここから先が外ですけど，水俣病からみれば，ここが入り口です。ここから水俣病が始まるわけです。不知火海は非常に豊かな海でした（写真4）。魚はたくさん死んだけれども，死んでも，死んでも，まだたくさんいたわけです。いっそのこと，魚が全部死んでしまって，魚を食べることができなくなれば，被害が少なかったでしょうが，魚がたくさん死んだけれども，たくさん生き残っていたのです。それほど豊かな海だったのです。豊かさがかえって仇をなしたのです。

　ご存知とは思いますけれども，こういう漁村（写真5）が，不知火海沿岸にはずっとあるわけです。ご覧のように，山が非常に迫っていて，田んぼがありません。採れるものといったら，畑でつ

くったイモと、海の魚です。そういうところに毒が流されたということが、水俣病の特徴なのです。そんなばかなことと思われるかもしれませんが、患者が何人いるかわからない。当時20万人くらいの人がここで生活していました。そこに毒が流されたのです。今は、認定された人が千何百人、和解した人が1万何千人、全部たしても2万人にも及ばない。しかし、20万人の人がいて、汚染されたわけです。

（スライド：「新聞記者も熊大の先生も来るな」と書かれた貼り紙の写真）

最初の頃、水俣に行くと「新聞記者も熊大の先生も来るな」といわれました。検診に行っても、家を開けてくれないのです。理由は、先生たちがうろうろすると、またマスコミが書きたてる。そうすると魚がまた売れなくなるから、皆に迷惑がかかるからといって、来るなというのです。私たちはわからなかった。医者だったから。この人たちは何も悪いことしてないのに、どうして雨戸を閉めて隠れていなければならないのか。本当に理解できなかったです。こういう状況のなかで水俣病の患者たちは、本当に息を殺すようにして、生きていたわけです。

写真6　漁民の食卓

（写真6）これはある日の食卓ですけれども、とにかく海のものでないのは、ビールときゅうりくらいです。そしてまた、おいしいのです。そういう暮らしをしていたわけです。見てくれは貧しいかもしれないけれども、本当に豊かな食生活をしていました。この魚の中に毒が入るなどと思いもし

写真7　貧困と差別

——隠れる患者——

なかったわけです。
　(写真7)これはある患者の家ですが、診察に行っても、「帰れ」といって断られます。最初は意味がわからなかったのです。けれども、考えてみれば私たちが行って診て、何かなるのか、治しきれるわけでもないし、お金を渡すわけでもないですし、ただ自分たちが診るだけです。残念ながら、医学は万能ではないわけで、こういう患者を前にしたとき、私たちは何もできない。こういうときに私たちに問われることは、治らない病気を前にしたときに、「あなたたちは何ができるのか」、「先生たちは、何をしてくれるのですか」、という問いかけだったと思うのです。ただ診るだけでも、こちらは「診てやろう」という、おこがましい気持ちでいたわけです。わざわざ大学病院からきて、サービスで診てあげるといった気持ちでいたのです。しかし、それでは何もすることがないのかというとそうでもないのです。その後、いろいろな付き合いのなかで、治してあげられないからこそ、することがいっぱいあるということに気付いたのです——ある意味では、治してあげられる場合は簡単です——、治してあげられないからこそ、私たちはいっぱいすることがあるのではないかと、そういうふうに患者は私たちに教えてくれていたのです。

(スライド：患者とその住まいの写真)

　独自の写真を二つ三つご紹介しますけれども、彼らがどういう暮らしをしていたかを見てください。襖を見てください。畳を見てください。ぼろぼろですね。台所に行くと、何もないところに鍋があって、鍋をあけてみると、魚が煮付けてあります。「待てよ、これはちょっとやばいじゃないか、どこから獲ってきたんだ」というと、「先生、大丈夫です。これはずっと遠くから獲ってきました」といいます。嘘ですよ。嘘とすぐわかる。そんなずっと遠くから獲って来られるはずがない。しかし魚でも食

写真8　ぼろぼろの家の前に立つ

べなければ本当に飢える。チッソが「補償」という名で，さっき申し上げた，どさくさに紛れて結ばせた「見舞金契約」では，年間5万円が支払われるだけです。それでは食っていけないのです。だから魚を，隠れて食べていたのです。

写真9 胎児性水俣病患者（1962年撮影）

現在認定患者　66人
死亡　　　　　13例

　（写真8）この麦藁帽子が，若い頃の私ですが，この家を見てください。私はこの家に辿りついたとき，こんなところに人は住んでいるわけはないと思いましたね。

　彼らは出稼ぎにもいけなかった。水俣の町の人たちは，海岸の方で嫌な病気が起こった，日本中に有名になって，「水俣」という病名だからそれを変えてくれというのです。水俣の汚名だと。汚名でしょうか。汚名というけれども，この人たちが何を悪いことをしたというのでしょう。ただ魚を獲って食べていただけです。街の人に漁村のことを聞いても，何か顔を調べるようにしていて，なかなか教えてくれません。そのくらい，当時は，漁村地区は隔離されていたのです。

　私が水俣から抜けられなくなったのは，胎児性の子どもたちと出会ったからです（写真9）。臍の緒を通って，水銀が赤ちゃんに行くなどということは，人類で初めて発見されたのです。それまで，お母さんの胎盤は赤ちゃんを守ってくれる，だからお母さんがもし仮に毒でやられても，赤ちゃんは護るというのが，生物の法則だったわけです。そのために，生物は生き延びてこれたのでした。ところが，水俣病は逆なのです。赤ちゃんの方に毒が行ってしまうのです。だから，最初にその話が出たとき，嘘だろうと思いました。教科書を書き直さなければならない。水俣病が公害の原点といわれるのは，そういう生物として，人類として今まで経験してこなかったことを経験したからでもあるのです。だから，水俣病という名前は「水俣病」でなければならないのです。職業性の有機水銀中毒というのは少なくありますが，水俣病を有機水銀中毒としてしまったら，これと同じに特徴がなくなってしまいます。例えば，71年に起こったイラクの事件では，6000人が入院していますが，これはメチル水銀で消毒した種麦を間違えて食べてしまった中毒です。しかし，環境汚染によって，しかも食物連鎖によって起こった有機水銀中毒というのが水俣病で，水俣でしかないのです。

(スライド：石牟礼道子，宇井純，桑原史成の写真)

　当時，患者は本当に孤立無援でした。労働組合も，革新といわれる政党も支援しない。ただ，個人的に支援をしている人が何人かいました。まず，石牟礼道子さんです。この人はストーカーで，私が診察していたら後からついてきた（笑）。この女性は何だろうと思っていたら（やはり女性だから気になりますからね），やさしい眼をしておられたのが印象的ですね。この人が石牟礼道子さんで，当時，これは大変な事件だと直観的に感じて，記録しておかなくてはいけないと思っていたと後でわかりました。それから，亡くなった宇井純さんです。大学でいわれましたよ，「東大の大学院生が何か資料を集めている，あいつは何するかわからないから，警戒しろ」って。それから，「学生さんが写真とりにきていて，海岸でテントを張って写真をとっている」という話しも聞いていて，とうとうそこで会うことはなかったのですが，それが桑原史成さんでした。無視され，捨てられていた患者たちを，少ないけれど注目している人たちがあったということは，私にとってはちょっとした救いでした。

(スライド：胎児性水俣病の発見を報じる新聞記事)

　胎児性患者の発見は，胎盤を通して中毒が起こったということで，それは人類史上初めてのことです。しかしこの水俣病以降，サリドマイド事件が起こったり，あるいはダイオキシン中毒があったりと，今や，胎盤は赤ちゃんを守ってはくれないということを，水俣病以降の事件は証明しています。

(スライド：第三水俣病事件を報じる新聞記事)

　その後，いろいろなことがあって，話しきれないのですが，一つだけ話しますと，第三水俣病事件がありました。これは話すと長いので，高峰さんが後で少し話してくれると思うのですが，これが非常に大きな影響を及ぼしたのです。マスコミの問題を考えるとき，この水俣病事件においては第三水俣病事件を抜いては議論できません。功罪両方ある。第三水俣病事件が，日本中に水銀パニックを起こした。そのために水銀に対する対策が進んだ部分もあります。ところが，日本

中に水銀パニックを起こしたがために、水俣病の発生が否定されていくわけです。結局このときは、有明海、大牟田、徳山に次つぎに水俣病の疑いの患者が発見されて大騒動となります。私は今でもこれらの患者たちは軽いけれども、有機水銀の影響であった、水俣病であったと思っています。ただ、かつての水俣病のような重症典型の患者が出ていなかったというだけのこと、程度の問題です。しかし、証拠が不十分なまま発表したために、袋叩きにあって、否定されていきました。

（スライド：第三水俣病事件で、水俣病が否定されたことを報じる新聞記事。）

　いろいろな学者が動員されて、そしてその学者たちが現場に行きもせずに、これを潰してしまうのです。結局、その潰した影響が、今日の水俣にまだつづいています。これで、水俣病の認定基準が改定されて厳しくなるわけです。そして、その認定基準が改定されることによって、いまだにたくさんの水俣病の患者たちは救済されていない、という事件なのです。本当はもっと詳しく話したいのですが。

　第三水俣病事件があって、そのためにつぎつぎと学者が動員されて、そしてこれを否定の方向にもっていく。ある先生が、私に正直にいわれました。「ここで第三の水俣病を出したら、漁業がだめになる。漁民も救わなければならない」と。「あなた医者でしょ」といいたかったですね。そういうことで、結局、第三水俣病が潰され、そして日本の水銀に対する政策が大きく変わっていく。そして、50年経っても、第一の水俣病の問題さえも未解決で残ってしまったということです。ここでマスコミがどういう働きをしたかということが、やはり私は検証されなければいけないだろうと思います。

　30分で話すのは大変辛かったですけれども、だいたい大まかな筋を話しましたので、後は皆さんと討論のなかで、深めていただきたいと思います。今日は、このようなチャンスを与えていただいて、大変感謝をして私は終わりたいと思います。以上です。

　司会者（大石）：原田先生どうもありがとうございました。では、シンポジウムに引き続き移りたいと思いますので、登壇者の方お願いします。

地元紙・熊本日日新聞がどう報道してきたか

高峰　武（熊本日日新聞）

1　はじめに

　水俣病事件というのは，多面体で，見る角度によっていろいろなものが見えてきます。マスコミというふうにひとつのカテゴリーにくくったとしても，それは同じことだと思います。今日は，地元紙熊日が何を伝えてきたのか，また何を伝えてこなかったのかという問題にしぼってお話したいと思います。水俣病の事件史 51 年を私は 5 つの時期にわけています。

① 　前史から見舞金契約（〜 1959 年 12 月）
② 　公害認定まで（1960 年 1 月〜 1968 年 9 月）
③ 　一次訴訟判決や補償協定まで（1968 年 10 月〜 1973 年 7 月）
④ 　相次ぐ裁判と政府解決策（1973 年 8 月〜 1995 年）
⑤ 　関西訴訟最高裁判決から現在（1996 年〜現在）

　第一期は，原田先生のお話にも出ましたように，水俣市の茂道という地区の猫全滅という記事前後から 1959 年 12 月末の見舞金契約までの時期です。第二期は，それ以降から 1968 年 9 月の公害認定までの時期です。第三期は，この公害認定によって補償問題が再燃し，1973 年 3 月の熊本地裁での一次訴訟判決と同年 7 月の補償協定が結ばれた時期です。第四期は，被害者がまだ多数いることが問題になり，被害者たちが裁判を相次いで起こし，それが 1995 年の村山内閣での政治決着ということで訴訟を取り下げた時期です。このときに，ほとんどの患者団体が苦渋の決断をして政府の解決策を受け容れました。第五期は，1996 年以降，大阪の関西訴訟のグループだけが曖昧な決着をのまずに裁判を続け，その結果，大阪高裁で，国と熊本県の水俣病における責任が認められ，さらに行政の認定基準ではなく，別の基準で患者を救おうという判決が出ます。これは高裁としては初めての判断で，それが最高裁で確定し現在にいたっています。

2　初期の報道の検証（①の時期）

　水俣病に関係する第一報は，1954 年 8 月 1 日の熊日の記事です。資料 1（「猫てんかんで全滅，ねずみの激増に悲鳴」）を今読みますと，この記事のなかにいろいろなヒントがあると思います。茂道という集落の話です。茂道というのは後に患者の多発地区になる漁村です。ここで猫が狂い死にし，その結果ねずみが増

猫てんかんで全滅
ねずみの激増に悲鳴

水俣市茂道部落

三十一日水俣市茂道部落では猫が相当数居り、子ねずみを食って退治を始めるが、四方からいた猫がほとんど死亡してしまっているので逃げられない状況を呈しているなおこの地区は水田はなく漁業のみで百二十戸の漁村だが、不満なども六月初めのところ

（中略）

ら猫を飼ってきたが、これ迄に気が狂ったようにキリキリ舞いをして死んでしまっているので逃に出来ついてきたものと判る

（茂井愛子氏）では本当にもう子供の目にいかがわしい本、雑誌が気味悪るやら衛生上でもねむい眠気の出ますことに…

エロ本

資料1 『熊本日日新聞』1954年8月1日朝刊

えて困るので，駆除を申し入れたという記事です。猫が全滅する，猫は何を食べていたのか。それは魚だろうと。よそから連れてきた猫も（猫がいなくなるので，貰ったり買ったりしたそうです），これまた気が狂ったように死んでしまう。ということは，そこに何か原因があるということが示唆されている。茂道は漁村ですから水田はありません。ということは農薬は関係ないことが，この時点で推測されます。この記事は，不思議なあるいは気味が悪いという表現になっていますが，それで終わっています。これ以降，昭和31年の水俣病の公式確認の時期まで，水俣病に関する記事は今のところ見つけることはできません。この段階で，もう少し調査を行い，取材ができていれば，水俣病事件は違った経過になっていたという気がします。

　初期報道は，原因究明の問題が中心です。まず伝染性が疑われますが，まもなく否定されます。昭和34年まで，何が原因かという報道が続きます。このときの記者の思いについては，熊日の社史の中で松下芳夫さんという記者（昭和34年水俣支局長に赴任）の話が載っています（資料2「書かねばならぬ」）。この中では，川上タマノさんという方が病院のベッドのなかで苦しんでいる様子をみたときの印象が書かれています。

　続きまして，ここにぜひ皆さんに読んでいただきたい熊日の記事があります（昭和34年11月8日：資料2「水俣工場　廃水停止は困る，市民の生活に響く，各種団体が知事に陳情」）。昭和34年7月，熊本大学が有機水銀説を出し，チッソの排水が原因だろうということが一般的になっていきます。そのなかで，11月のはじめに漁民たちが，チッソとの交渉を求めて大きな騒ぎになります（漁民暴動という言う人もいます）。それを受けて，水俣市の人たちが当時の寺本熊本県知事に陳情に行きます。これは「チッソの廃水をとめてくれるな」という陳情です。このときのメンバーは水俣市長，市議会，商工会議所，労働組合，およそ28団体の代表50人といわれております。これは，「オール水俣」といってよいグループと思います。廃水をとめてくれといったのは，当時，漁民と患者のグループでした。それ以外の"オール水俣"とよべるような人たちは，廃水停止が自分たちの市民生活にひびくといって陳情しております。

　この構図は非常に象徴的です。この構図が今は本当に変わったのか，あるいは全く過去のことだったのかというと，基本的なところは変わっていない気がしています。その後，昭和34年の暮れにいわゆる見舞金契約が結ばれて，当面の補償について一区切りがつけられます。この見舞金契約を結ぶ直前，12月24日に

資料2 『熊本日日新聞』1959年11月8日朝刊

チッソはサイクレーターという排水の浄化装置を造ります。熊日の当時の記事をよみますと，工場の幹部が「これで水俣川の川よりも工場排水がきれいになりました」というコメントを出しています。これによって水俣病が終わったという機運が生じ，もちろん私どもの報道もそのなかで大きな影響を与えましたが，以降水俣病問題が水面下に沈んでしまいます。しかし実は水俣病問題は水面下で進行していました。

3　空白の8年（②の時期）

　それ以降，（私はこの時期を「空白の8年」と呼んでいます）昭和35年から43年の公害認定まで，大きな動きがありません。しかし，それでも3つ重要なことが起きています。

　一つ目は，さきほど，原田先生がおっしゃった，胎児性水俣病の確認です。

　二つ目は，熊本大学の研究班が，チッソ水俣工場で製造工程から直接有機水銀を検出したことです（入鹿山熊本大教授が発表：（資料3「水俣病の原因で発表，製造工程中に有機化」『熊日』昭和38年2月17日）。原因がわからないといっていた行政やチッソも，これで少なくとも有機水銀がチッソの工場でつくられていたことがはっきりしました。この記事を書いた記者は文化部の記者で，あまり社会部的な取材になれていないこともあって，熊大の取材をした後，熊本地検に直接乗り込んでいきます。通常，地検の検事正のところにいくという発想はないのですが，この記者は熊本地検の池田検事正のもとに飛び込んで行きます。そして，これが最初で最後なんですが，水俣病事件について検察庁の見解を聞き出します。これが実に面白いんです。「今のところ，検察庁としてはどうするかなんともいえない。これまでは医学的なはっきりした原因がわからず，われわれが手を出そうにも，手のつけようがなかったが，もし医学的研究の結論が出れば，結果しだいでは大いに関心をもたねばならない問題だろう。」しかし，結論からいうと大きな関心をその後検察がもつことはなく，検察の介入はずいぶん後のことになりました。このとき，政治あるいは行政，司法，いずれかがフォローしていれば，水俣病事件はまた違う展開になったと思います。

　三つ目は，1965年に新潟水俣病が確認されたことです。

　この8年間に3つ大きな出来事がありながら，政治，行政，医学は沈黙し，事件史に大きな空白を生みました。この空白が，新聞報道から生まれたというふうにもいえることを私自身感じておりまして，マスコミがもっと持続的に粘り強く

熊本日日新聞

熊大研究班 水俣病の原因で発表

"製造工程中に有機化 有害物質を検出"

入鹿山教授

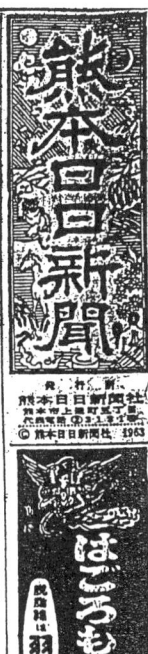

資料3 『熊本日日新聞』1963年2月17日朝刊

報道していれば，水俣病事件の展開もずいぶん変わっただろうと思っています。

4　一次訴訟判決と第三水俣病（③の時期）
　昭和43年9月の政府の公害認定をうけて，水俣病見直しの機運が起こります。その後，昭和48年3月に熊本地裁で判決がでて，患者側が勝訴します。そして，さきの見舞金契約は公序良俗に違反するという判決がでます。被害者が裁判に勝てば，ふつうは「万歳」の模様を報じたり，「よかったよかった」という感じで紙面を作ります。ところが，私たちがどういう紙面をつくったかというと，「そのとき『Vサイン』もなく」「水俣病は終わらない」というトーンをメーンにしました（資料4「遺影を抱いてメモ，沈痛な面もちの原告席」『熊日』昭和43年3月20日夕刊）。松永久美子さんという，生ける人形といわれた非常に美しい少女がいますが，この判決がでたあとも彼女の1日の生活はまったく変わらないという記事を作っております。
　48年という年は，水俣病史のなかではとても大きな事件がありました。3月に一次訴訟の判決がでます。それから2ヵ月後，さきほど原田先生がおっしゃいました，第三水俣病という事件がおきます。これは，熊本大学の研究班が不知火海とは海域の違う有明海のほうに水俣病と同じような患者がいるという報告書を作りましたが，それを班長の武内先生が総括するなかで，「これは第三水俣病ともいえ，慎重な検討が必要だろう」というふうに書きました。それを新聞各社は「第三水俣病」というふうに断定的な表現で報道しました。本当はもう少しトーンは違いましたが，そのことで全国的に水銀パニックが生じました。
　それから各社競うように，患者の発掘を始めました。僕らの先輩記者も少し疑わしい症状がありそうな人がいると，そこに行って自分たちで簡単な検査をしたり，医師をつれてゆき，この人はどうですかと診てもらったりということがありました。熊大研究班が指摘した患者を全部，環境庁が「シロ判定」をしていきます。そうした判定も問題があるのですが，その問題とは別に，報道が過熱するという問題がこの第三水俣病事件では生じました。
　先日，この時の取材をした先輩記者と電話で話す機会があり，当時の模様を聞きました。私も報道の現場にいる人間として理解できたのは，「いたずらに騒ぐな，という姿勢が必要だったということはわかる。しかしそれを前提としながらも，公式確認の頃，記者はあまり騒いでいなかった。マスコミが関心をよせなかったことが被害を広めたのではないかという反省が自分自身にあって，第三水俣病に

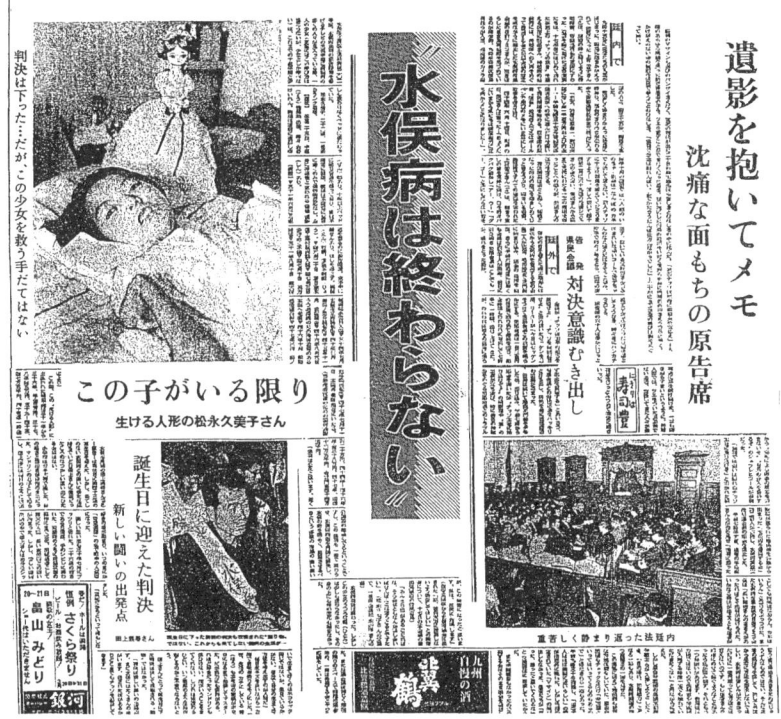

資料4 『熊本日日新聞』1968年3月20日夕刊

関する報道が大きな報道になった」ということでした。この考え方に関しても議論があると思います。しかし，やはり昭和30年代にマスコミが関心をよせなかったことが水俣病問題を深刻化させてしまったという反省が，この当時の過熱報道（それは今にも通じる問題ですが）を生み出したという一面もあったし，それはそれで全く意味のないことではなかったという気がします。と同時に，慎重な報道という面からの問題も当然残されています。

5　ニセ患者発言（④の時期）

　一次訴訟の判決のあと何が変わったかといいますと，補償に関して今まで手をあげなかった人たちが申請するようになります。認定されると補償金がでるようになります。補償金はチッソが払います。チッソの補償金は限られている，そういう議論になります。そのなかで，「ニセ患者」というとても嫌な言葉がでてきます。資料の5（『熊日』昭和50年8月8日）を見て下さい。これは環境庁に熊本県議会の公害対策特別委員会の委員が陳述に行って，「申請者には補償金目当てのニセ患者が多い」という発言をしました。この記事を書いたのは，（私の記憶では）熊日一社だけだったと思います。患者の人たちは怒ります。しかし，県はそんなことはいってないと反論します。損害賠償と謝罪広告を求める裁判を患者が起こします。そうこうするうちに，その委員もしくは県は，この記事を書いた熊日が悪いという主張をするようになります。そこで私ども新聞社にとって初めてのことなんですが，患者の立場にたって，「補助参加」します。この裁判では原告側にたって闘うということになりました。

　この記事では（資料6「なぜ補助参加したか　水俣病ニセ患者発言訴訟」昭和55年3月25日），当時の報道部長名で，なぜ熊日がこの裁判に補助参加したかについて説明しています。後段にありますが，「熊日が訴訟参加という手段をとったのも，一には，記事の真実性の立証であったが，同時に問題の発言にみるような対応が，究極的には被害者救済を中心とした水俣病の真の解決を遅らすものでしかないし，政治，行政への不信をさらに深める結果にしかならないことを，公害の原点・水俣病を生んだ熊本県の地元紙として，広く訴える責任があると考えたからである」と説明しております。私は，この報道部長名の原稿が，私どもの新聞社のひとつの基本軸になっていると思っています。私は，かつて社会部長もやりましたが，この報道部長名の文章を何回も繰り返し読んで，私たちの新聞社の水俣病報道の基本軸にしたいと思ったものです。

熊本日日新聞　昭和50年(1975年)8月8日

申請者にニセ患者が多い

"補償金が目当て"

特別委発言　環境庁はア然

資料5　『熊本日日新聞』1975年8月8日朝刊

なぜ補助参加したか
——水俣病ニセ患者発言訴訟

報道の真実を立証
逸脱 陳情 真の解決を遅らす

報道機関が直接当事者として裁判にかかわるのは、報道した記事・見出しなどに関して、相手から批判を提起され、これを受けて立つ形が一般的である。措置的立場にある見解紛争に、三者的立場にある当社らの新聞社が自ら原告として補助参加したケースは極めて珍しい。

熊本日日新聞社が五十二年十二月、十年前に発生した水俣病の特別公務員の陳情という名称中が鶴的威容に関する使側に結びついていることを考慮すれば、告側がその苦言、準じ返備書面の「自ら守る気持の行動を起こし特別公務員の陳情という名称中が鶴的威容に関する使側に結び扱いでいることを考慮すれば、たに過ぎない。

この記事は主筆準法に反する「資められるべきものではない」などと、あることを新聞である、などと、「資められるべきものではない」と述べた。

一審の報道機関、法律法などからいうふん慨、合わせや激励の手紙、雑信を頂いた。偽の報道をしたかのような主張を展開したことにある。朝日としては、訴訟参加によって、朝日の記事は正当であったことを結果的に五十年訴訟のもう一つの理由は、この本件訴訟の裏付けであった。

五月八日付の朝日の記事が五十年訴訟のもう一つの理由は、この本件訴訟のもう一つであったが、なにより参加し、報道機関としての名誉を守ることもあるが、なにより参加し、報道機関としての名誉を守ることもあるが、なにより参加し、報道機関としての名誉を守ることもあるが、なにより参加し、報道機関としての名誉を守ることもあるが、なにより参加し、報道機関としての名誉を守ることもあるが、なにより。被

判決は①熊本日日報道の真実性②告訴行為の公共性と賠償責任③賠請求十億円の賠償責任であるとして、熊本県に賠償責任があると認定、原告広告の掲載と原告の弁護士費用三百万円の支払いを命じた。

判決は、おおむね予想された

ほかに国家賠償法させることはむしろ適切でない」とした。要するに、「いわゆる二セ患者発言をめぐる経緯がうかがえる。

原告請求の一人三千万円の慰謝料については、「本件の発端となったこの記事の真実性を認め、「二票誠

判決によれば、「いわゆる二セ患者発言をめぐる経緯がうかがえる。原告・水俣病を生んだ熊本県の地元紙として、広やかな地元紙訟として、早くから流布していたとの弁護士費用三百万円の支払いを命じた。

通例ではあるが、口頭弁論の証人のなかでは、同じ表情や脳疾患に受けた水俣病の特異性や脳疾患に得に同席した証言でがまるで被って反対になったり、県議会決議の真実ではない。ウサギが発表されるなどの"事件"も発生しているほど、ひとつの社会現象として悪化したとさえいえる。いわば悪化したとさえいえる。真実立証の過程においてさえ、真実立証の過程においてさえ、いてひどく曲げようとして公然と真実を曲げようとすることもあった。

家督事件のなかでもこれ程ひどわりにはいくまい。朝日が訴訟参加したという手段や訴訟に対する不信感と同応環境庁陳情の場では、な対応、違うようなが、る不信感と同応環境庁陳情の場では、残念といわばかりはない。

性の立証であったが、ここには記者のな水俣病の薬害教済を中心として水俣病の薬害教済を中心として水俣病の薬害教済を中心として水俣病の薬害教済を中心として水俣病の薬害教済を中心として水俣病の薬害教済を中心として水俣病の薬害教済を中心としてしかないし、政治、行政の不信感と同応環境庁陳情の場では、残念といわばかりはない。

（報道部長　神山宗興）

資料6 『熊本日日新聞』1980年3月25日朝刊

このニセ患者発言については，報道も若干影響している面もあります。1971年に環境庁の事務次官通達がでまして，これは広く患者を認定しようという趣旨でした。このとき報道で「疑わしきは認定」という言葉を使いました。これは，当時の環境庁の長官で，医師でもあった大石武一さんが医師の立場から国会答弁をした時に使った言葉です。「疑いがある」ということの意味を説明したのです。病気を診断するとき，「疑いがある」というのは病気である可能性を否定できないということです。私どもも刑事裁判の原則である「疑わしきは被告人の利益に」というプラスの意味で使いました。しかし，それが言葉として一人歩きし，「なぜ疑わしい人を認定するんだ」という新たなとらえ方を生んでしまいます。今，熊日ではこの言葉は使いませんが，言葉を用いる際の教訓の一つではないかと思っています。

6 IPCSの報道

少し話がかわりますが，WHOなどでつくるIPCSという国際機関があります。ここの基準では毛髪水銀の安全基準値は現在50ppmが目安になっています。ただし，子供たち特に幼児のことを考えたら，妊婦は10〜20ppmに引き下げたほうがよいのではないかという問題提起が平成2年に行われます（資料7「現行50ppm，胎児に影響，IPCS有機水銀評価基準で警告」）。ところが，このとき環境庁は，この提案に反対する委員会をつくろうとして，大蔵省に予算要求をしました。その要求書を熊日が入手しました。それを読むと，およそ環境行政を担当する役所とは思えないようなことが書いてあります。基準が低くなれば水俣湾のヘドロの基準の見直しが必要になる，さらに新しい補償問題がおきてしまう，だから反論するための委員会が必要だというものでした。私どもはこのことを報道いたしました。これを紹介したのは報道が社会的な意味をもつケースだと思うからです。環境庁は，その委員会のメンバーを全部極秘にしました。これは新聞報道によって，問題が社会に広く伝わったケースだろうと思います。

7 地元紙の視点

熊日は地方紙や地元紙とよばれます。新聞にはこのほか，全国紙とブロック紙と呼ばれるものがあります。何が違うのかとよく聞かれます。僕も「なんでしょうかねー」と一瞬考えるときがあります。出来事を報道していくという点では基本的な構図は変わらないと思います。ただ，地方紙にはこだわりというのがある

資料7 『熊本日日新聞』1990年4月12日朝刊

ように思います。

　水俣病の刑事事件というのがあります（昭和51年）。患者たちが歴代のチッソの幹部を告訴し，最終的には工場長と社長が業務上過失致死傷罪で起訴されまし

た。昭和51年ですから，公式確認からちょうど20年ですね。20年目にして初めてチッソの刑事責任が問われるという事態になりました。実は，20年たって何が問題になるかというと，それは時効です。検察はその時効の壁を苦労して乗り越えて起訴を行いました。チッソは有罪になりましたが，その事件をどうみるかということで，新聞社の仲間と議論したことがあります。この判決は，司法という側面からみると時効の壁を破ったということでとても画期的なことです。しかし私どもの新聞社，地元の新聞社の立場から見ると，それは遅すぎたのではないか，遅すぎたから時効という難問を抱えてしまったというわけです。要するに，司法の側から見るか，水俣病という事件史のなかに落としてこの起訴を見るかで，処分がまったく違って見えてくるのではないかという気がします。熊日は「遅すぎた起訴」というトーンでずっと書きました。起訴を画期的とみるのも間違いではないと思いますが，そのこだわりというのは地方紙のほうがあるのかなという気がいたしました。

8　問われる想像力と持続力
　まとめになりますが，水俣病を報道するということは，ややオーバーにいいますと，歴史をどれだけ読み解けるかという私どもの力が試されていることだと思います。真実の前にやはり謙虚であるべきだと思います。時として私たちは，自分が知っていることを絶対として，合わない現実を否定してしまいがちです。水俣病事件のなかでは，医学界でそうした立場をとる人もいるような気がします。水俣病史について語る場合，公式確認から何年たったということもありますが，それ以前にものをいわずに亡くなった方がたくさんいらっしゃいます。こうした方々の歴史に僕らがどれだけその想像力を働かせられるか，また取材の志をどれだけ持続させられるか，ということが問われている気がします。
　報道には三つの役割があると思っています。ひとつはニュースを正確に早く伝えること，もうひとつは事件をきちんと検証すること。本当はどうだったのかということを時間をかけてやる。そして3番目が，熊日の場合は県民が読者ですから，県民の方々の論議の場を提供する。そういう三つの役割があります。水俣病事件は51年たっても，あるいは52年たってもこうした三つの役割のどれも正面から問われている問題だと思います。
　あまりかっこいいことはいえませんが，少なくとも「逃げない」ということを軸に据えて，これからも地元の報道を続けていきたいと思っております。

水俣病報道の「しがらみ」と「先入観」

村上雅通（RKK熊本放送制作センター）

　村上でございます。これまで水俣病に関しましては10本のドキュメンタリー番組を制作してきました。ディレクターとして，あるいはプロデューサーとして関わってきましたけれども，実は私が水俣病事件をテーマに番組を作り始めて，まだ10年ちょっとしかたっていません。つまり政治決着以降から私は水俣病にかかわりだしたわけです。その理由はのちほど申し上げます。私は昭和28年9月15日に水俣市に生まれました。チッソ水俣工場から歩いて1分くらい，駅から徒歩0分というところで育ちまして，高校時代まで水俣に住んでいました。大学は東京に行きましたけれども，いまでも両親は水俣の実家に元気で暮らしています。小学校のころ，よく水俣川の河口でアサリ貝をとって食べていました。今考えるとちょうどそこにチッソの廃液が流れてきていましたから，おそらくそのへんは水銀だらけだったと思います。もしかして私も水銀の影響をうけているんではないかなと感じています。

　前置きはこのくらいにしまして，私は2000年に，水俣の報道を検証するといったら大上段になるかもしれませんが，『記者たちの水俣病』という番組をつくりました。これは以前『市民たちの水俣病』という番組をつくったときに，もうちょっと報道がしっかりしていれば，水俣問題は解決までこんなに長くかからなかったんじゃないかという指摘を取材をした方からいただいたことがきっかけです。

　調べてみると本当にいろいろな報道の問題，課題というのがうかびあがってきました。今日はそれをすべてお話することはできないのですが，番組では紹介できなかったエピソードで一番印象に残ったことが2点ありましたので，ここでご紹介いたしたいと思います。

　20人ほどの水俣病取材にたずさわった方々を取材させていただきました。印象に残っておりますのが，ちょうど公式確認の日に，たまたま水俣の保健所に居合わせて保健所長とともに患者さんを送りにいったと，同行したという右田元さんという方でした。右田さんは，毎日新聞の水俣通信部の記者でした。右田さんご自身，この病気の原因はチッソの流す廃液であると直感されたそうです。工場の排水溝のところにぷかぷか魚が浮いている。そういった光景を彼は実際みてい

たし，市民の人たちにもそういう噂が広がっていた。ということで，彼はチッソが原因に間違いないということを思ったんですけれども，その裏づけをとるような取材はなかなかできなかったんだということをおっしゃっていらっしゃいました。

原田先生からも高峰さんからもご発言があったんですけれども，水俣は当時，チッソの企業城下町でした。水俣チッソに反発するということは，ある意味では村八分に近い状態になるということも覚悟しなくてはいけないと。右田さんはジャーナリストでもあったんですけれども，彼が一番心配したのは，自分，あるいは自分たち家族が周囲からどのように見られるかということでした。つまり彼は水俣市民でもあったわけですね。そのため，水俣病をチッソを追及するのを躊躇してしまった。これが一番の悔やみですということをお話になっていました。

もうひとりは，朝日新聞の江口汛さん。江口さんは昭和33年から水俣通信部に駐在した記者です。江口さんが一番悔やんでいらっしゃったのは，不知火海沿岸の漁民の人たちが，昭和34年（先ほど高峰さんがお話されていましたけれども）チッソの廃液が疑わしいということで，チッソ前で暴動を起こし投石した時の取材でした。江口さんたちマスコミ関係者は，チッソの広報部の案内で，チッソの工場内で取材していました。つまり彼らのところに，漁民が投げる石が飛んでくるわけですね。で周りの人たちは，石が当って血を流す人もでてくる。そこで江口さんは，チッソが悪いということではなくて，石を投げる漁民に対する憎しみのほうが強くなったとおっしゃってました。もしあのとき，自分たちが漁民たちの方向から取材していたら，ずいぶん記事の書き方が違っていたんじゃないだろうかと悔まれていました。

おふたりの話をききながら，自分とオーバーラップさせてみると，私は右田さん，江口さん以上にそういった「先入観」「しがらみ」があったことに気づきました。

さきほども申しましたように，私，水俣の出身です。小学生のころ，「魚を食べるな」と親からよくいわれていました。水俣病多発地区の茂道地区，湯堂地区というのは，私の実家からちょっと離れていまして，今では車ですぐ行ける距離なんですが，当時は，なかなか行く機会はありませんでした。私が住んでいたのは市の中心部ですから，患者さんと出会う機会もないし，水俣病が起こっているということすら実感できなかったわけです。ですから政府が水俣病を公害として認定するまでは，水俣病は本当によそごとのような思いでいました。

ところが政府の公式見解を境にしまして，チッソはマスコミによって糾弾される，そして連日報道される。そうなると，今度はチッソの経営がだんだん悪くなっていくということを，私たち市民は実感するようになってくるんです。私の父親の職場はチッソの下請け工場，鉄工所でした。私の母親は洋装店をやっていましたが，お客さんの大半がチッソの従業員の方，もしくはその家族の方でした。しだいに，父親の勤める工場へのチッソからの発注が少なくなったり，母親の経営する洋装店の客が少なくなったりするんですよね。両親のぼやきが聞こえてくるわけです。患者たちがあんなに補償金をもらって，いい家を建てる。そのお金はどこから出るかというと，チッソ。という話をよく耳にしました。つまり，患者たちがチッソからお金をとるから，チッソの経営が悪化しているという論法です。そんな話を聞くたびにチッソに対する憎悪というよりも，患者さんに対する偏見とか憎悪が私のなかにだんだん芽生えてきたような気がします。私が熊本放送に入社して以来かなりの期間，水俣病問題を取材できなかった大きな理由です。
　チッソというのは，水俣市民にとっては本当に誇りでした。私たち子どもも誇りに思っていました。私は水俣第二小学校というところに通っていたんですが，道路を隔てた隣がチッソの水俣工場なんです。第二小学校の校歌にですね，「明け暮れ回る　ベルトの響き」という歌詞が入るんです。よく企業城下町とか，あるいは経済的な恩恵をうけていただとかいわれますが，水俣の人たちにとっては，チッソというのはそれ以上の結びつきがありました。われわれにとっては本当に誇りでもあったし，あこがれの対象でもありました。
　朝，それから夕方，夜の11時，チッソは三交替です。従業員の人たちが出勤して，退勤するというその光景が，とても私は好きな光景でした。水俣の駅前から，チッソの工場まで，およそ100〜150メートルちょっとくらいですか，その間がずっと人で埋まって，あるいは自転車が行き来して，この光景が私の原風景です。おそらく水俣市民のほとんどの人がそういった原風景をもっているんじゃないかなと思います。こういった環境で育ったために，チッソを私たちが恨むとか，チッソを悪いとかっていうことをなかなか思い考える余地はなかったんです。
　そして，昭和53年東京の大学を卒業しまして，熊本放送に入社いたしました。入社5年後には司法を担当する記者になりました。ちょうど水俣病の第三次訴訟とか，水俣病の裁判が頻繁に行われておりました。ところが，その裁判を積極的に取材したいという気持ちになれなかったんですね。水俣に住んでいたころ私の家族のなかでは水俣病という言葉すらずっと使ってこなかった。そういった影響

があったのかもしれません。司法の担当でしたから水俣病裁判は重要な仕事だったのですが、せいぜい判決のときに、原告の声を撮るというくらいのことしかいたしませんでした。

以来、水俣病の取材は、私にとっては鬼門のようなものでした。入社から17年後の、1995年政治決着がそろそろされようかというときに、水俣で地域おこしが次第に活発になりました。「もやいなおし」運動という水俣病の事件でこじれた市民の心のこじれを修復しようじゃないかという動きです。これはいいじゃないか、これをきっかけに、一つ水俣を取材する番組をつくろうと、できれば元気のよい水俣を伝えようと思い立ちました。『週刊山崎くん』という情報番組で、素材は地域おこしを立軸に、水俣の温泉とかグルメです。

気軽に取材に行ったんですけど、実際取材を進めていくうちに、いまだに水俣病から抜け出せない市民たちの複雑な感情がかいま見えてきました。水俣病という言葉は使われないんだけれども、言葉の端々に水俣病へのこだわりが伝わってきたのです。

私自身もそうでした。ずっと水俣病を無視してきて、仕事についても、水俣病のことはできるだけ避けようとしてきた。水俣病から遠ざかろう遠ざかろうとしてきたのです。私は水俣病と自分自身をあらためて見つめなおす目的で『市民たちの水俣病』という番組をつくりました。患者さんとかではなくて、一般の市民たち、私たちもふくめた一般の市民たちが、どう水俣病とむきあったのかを検証するものです。情報源は、親族とか同級生でした。

取材者として水俣を訪れたときに、親族や同級生と初めて水俣病のことを話すんですよね。それまでは水俣病のことを暗黙のうちに避けて避けてということがあったんですけれども、取材を進めていくうちに自分のふるさとで何があったのかということを次第に知るようになりました。私のおじはチッソに勤めておりましたが、その同僚の奥さんのお父さんが水俣病の患者に認定されたために、水俣に居づらくなって、チッソを退社して関西方面に移住された方にもお会いすることができました。私の父親の鉄工所の後輩も取材しました。この方はお父さんが水俣病の症状になって、こんなはずかしい病気になって、どうするんだとお父さんを責め立てるわけですよね。お父さんはその言葉を苦にして、それがすべてかどうかわかりませんが、自宅近くの松の木に首をつって自殺されてしまいます。

私はそれまで、本当に表面的な取材と、新聞やテレビで見聞きするだけの情報とでだけしか水俣病をみてきませんでした。私の知らないなかで、同じ水俣にい

た時期に，こういう事実があったんだということを知って本当に愕然といたしました。ただ，患者さんに対する偏見とか差別の意識は抜け切れませんでした。『市民たちの水俣病』では，湯の児温泉の旅館主を主人公にしました。この方は病名変更運動，ある意味では反水俣病の立場だった方です。その方が，「もやいなおし」を機に，水俣病患者の人がつくったイリコを自分の旅館におくとおっしゃっていて，そのことを取材しました。この方だけ取材しても，番組は成立しませんので，そのイリコをつくってる患者さんも取材しなければなりません。

　その患者は杉本栄子さんといいまして，不知火海でイリコ漁をやっていらっしゃいました。本当にお恥ずかしい話なんですけれども，私は水俣に住みながら，杉本さんのお住まいの茂道地区というところに1回も行ったことがありませんでした。だいたいの場所は知っていたんですけれども，途中で道に迷ってしまって，茂道はどこですかと聞いたくらいです。これまで裁判の原稿などには，「茂道地区の……」などと書いていたんですけれども，茂道地区がどこにあるのかということも知らないで書いていた自分自身が本当に情けなくなってしまいました。

　この杉本さんとの出会いが，私，自分自身の水俣病に対する考えを変えました。これまでは，補償金目当てとか，ニセ患者とか，そういった差別意識がずっと私のなかにあったんです。杉本さんは初期のころは痙攣とかもう大変な症状で，何度も入院された方です。杉本さんは漁をしながら，これがリハビリとおっしゃっていたんですけれども，懸命に前向きに生きていらっしゃったんですね。最初に茂道地区で水俣病の症状がでたのは，杉本さんのお母さんです。周囲の差別やいじめは相当なものでしたが杉本さん母娘は必死に耐えました。ところが，そのいじめた人たちもその後水俣病の症状がでてきていじめにあうといういじめの連鎖が続くわけですよね。杉本さんは，そういう人たちを今ではゆるしたいと思う。一緒に焼酎でも飲みながらあのころの話をもう1回してみたいですねということをおっしゃっていました。最後に，私に対して「村上さんも苦労されたんですね」とこうおっしゃった。この言葉を聞いたときに私はもう，これまでの自分の患者さんに対する見方はなんてまちがっていたんだと深く反省しました。

　この杉本さんの取材がきっかけになって，私はもう1回本格的に水俣というものを，自分の故郷というものを見つめていきたいなと思いました。それから，この10年間，だいたい年に1本ずつのペースで，水俣病に関する番組，1時間の番組もありましたし，1時間半の番組もありました，30分の番組もありましたけど，およそ10本つくってまいりました。

『記者たちの水俣病』『市民たちの水俣病』の後につくったドキュメンタリーです。新聞記者を中心に取材したのですが，わが社，熊本放送の検証もこころみました。

ライブラリーを検索してみると昭和 30 年代は，水俣病に関するニュース・フィルムは極端に少ないんですね。そのころの話を OB にしたところ水俣病への関心はほとんどなかったことがわかりました。熊本放送がテレビを開局したのは昭和 34 年ですから，水俣病が公式に確認されて 3 年後の開局です。そのためなかなか取材体制が整っていなかったという事実があります。OB のひとりがこんなことをいっていました。「取材するなという命令はなかったけれども，当時，熊本放送の社長が，深水さんという水俣の出身だったため，社長の立場を考えて取材を遠慮したという面はあったかもしれない」と。

地域が狭くなればなるほど，そういったしがらみは強くなりますし，「先入観」というものも一方ではあります。私自身が，その見本でしょう。ただ先輩たちの話をきいて，社長が水俣出身だったから水俣病のニュース・フィルムが少なかったというのは本当だったのかなあという疑問もあります。

『記者たちの水俣病』のなかで，ひとつだけ水俣の出身者なんだということを強く自覚した取材がありました。

そのシーン，3 分たらずですけれども，VTR に抜いてきましたので，ご覧いただけますでしょうか。

［VTR 上映］
ナレーター：仲村さんは 7 年ほど前から四国松山市でかつての支援者の家に身をよせています。
仲村さん：この四国の人はわかってないよ。差別をうけたよたくさん。ここでこの湯飲みはどこで飲んだんですかっていわれる。で，なんでですかと。感染るというかね。
ナレーター：仲村さんのまわりには，いまだに水俣病が伝染するという偏見が残っているのです。肉親とのあいだにできた厚い壁もとりのぞかれていません。仲村さんは体調がわるくなると必ず近くの海にいきます。
仲村さん：ここ天草でいったらね，私，むこうからみたら，なんというの，コギシ湾に似とるね，あの会社がチッソかなーみたいな感じがするんです。そしたらね，あーーといって帰るね，そうしたらちょっと病気もよくなる。

ナレーター：仲村さんにとって，瀬戸内海は水俣の実家からみえる不知火海そのものなのです。
仲村さん：心のなかの自分の故郷をつくっていたんです。四国に来ても。ここが水俣なんです。一番水俣が　私の心のなかで故郷だって　水俣にいれなくって自分ひとりでこうして，・・初めて。自分の本音をいったのは今日が初めて。
ナレーター：水俣を追われて30年あまり。故郷はあまりにも遠い存在になってしまいました。［VTR終了］

　これは『記者たちの水俣病』の最後の部分です。仲村妙子さんという水俣を追われるようにでていかれた方のシーンをピックアップしてきました。実はこのシーンはだいたい予定していたインタビューが終わりまして，私たちも失礼しますといった後に取材したものです。帰りの飛行機の時間まで3時間くらいあったんですね，空港で時間をつぶそうかなと思っていたところ，仲村さんがこれから，海岸にいくとおっしゃるんです。じゃあ，せっかくだから，瀬戸内海でも見に，一緒についていこうかということで，行って。さっきの仲村さんの言葉はそのときにとっさにでたものでした。
　これはあたっているかどうかはわかりませんけれども，私が水俣出身者であるということで，とても共感していただけたのではないかと私は思います。仲村さんとはそれまでに2回お会いしていたのですが，仲村さんの弟さんと私は同級生だったんですね。子どものときによく仲村さんのお宅に遊びに行ってたということがようやくそのときわかったんです。チッソのことも話しました。意外だったのが，今でもチッソを恨めないという仲村さんの複雑な思いでした。理屈からいえば恨んで当然なんですがどうしても恨めないとおっしゃるんです。「私も同じ気持ちです」といった時，仲村さんと私の間に水俣の出身者であるという妙な連帯感が生まれました。
　仲村さんは，（とても有名な数少ない患者さんだったものですから）これまで何十回も取材をうけてきました。ところが取材者が共通していうのは，チッソが悪い，国が悪い，という話しを自分からひきだそうとする，そういうインタビューばっかりだったそうです。村上さんみたいなチッソに対する思いを聞いたのは初めてでしたとお話になりました。水俣出身者ならではの共通する思いが，仲村さんが私に心をゆるしてくださった理由なのかなと私は思っています。
　仲村さんと一緒に同居されていた大内先生という中学校の先生がいらっしゃる

んですけれども，実は大内先生も，1週間か2週間に一度くらい一緒に海岸に行くんですよ，自分は毎回連れて行くんですよと，3年近く一緒に住んでいて，なぜ行くのかということを彼もわからなかったそうなんです。初めて大内先生もさっきＶＴＲに出てきた海岸でその理由がわかったということでした。
　ですから，これまで私には水俣病に対する本当にいろいろな先入観とかしがらみとかがあったんですけれども，この10年間，私は先入観とかしがらみをとりのぞくことの繰り返しだったんじゃないかと，思っております。
　ただ，さきほどもいいました，「しがらみ」「先入観」というものは，これは誰にもあると思います。それから水俣病にかぎらず，いろいろな取材に共通することがあるかと思います。取材の過程でいろいろな方に出会うんですけれども，さきほどでてきました清浦雷作先生，東京工業大学のアミン説を唱えられたかたですけれども，当時非常に権威のある研究者とされていました。当時の水俣病を取材した記者から伺いましたところ，清浦雷作さんが水俣に調査に来て夕方記者会見を開くと，水俣の大きな旅館で夜は懇親会も予定されていた。そういった席をチッソが設定していたそうです。
　ところが，水俣の駐在の記者たちがそれをほとんど無視するわけですね。なぜかというと，彼らは熊本大学が一生懸命苦労して調査しているシーンを実際取材しているわけです。ところが，清浦さんは，たった一日水俣に来て，海水を汲み上げて調査結果らしきことおっしゃっています。ほとんど簡単な調査だけで終わらしてしまった。こんなことで水俣病の原因がわかるはずがないということを実際彼らは目でたしかめているわけです。ですからそんなときに，記者発表をやって結果をだされたって，われわれは信じることはできないと。かなり冷めた目でみつめましたとおっしゃっておりました。
　やはりあの，さきほど高峰さんもおっしゃっていた想像力，あるいは事件を的確にとらえる力，こういったものはやはり自分の目で実際たしかめて，それを多角的に見て，そして番組制作者あるいは取材記者が判断していくと。水俣病事件の場合は，その視点が欠けていたところが本当にたくさんあったんだな。ということを自分自身の問題として実感しております。長くなってしまって申し訳ありません。以上です。

討論者との質疑応答

小林：高峰さんが非常に強調されていたのは，水俣病事件に対する想像力がいかに重要かということだと思います。そこからもう少し踏み込んで，この想像力によって水俣病事件がどのように語られ，描かれることになるのか。テレビの場合，映像をつなぎますので，どのように選び出すのかということが問われてくると思います。そのときに想像力が働くことによって，一体どのような語り方になるのだろうか。あるいは描かれ方になるのだろうか。そうした点を，この水俣病事件報道を検証していくうえでは，しっかりと考えていく必要があると思います。

原田先生の基調講演から取り上げられてきたのは，1954年の夏の出来事です。茂道という集落で，猫がてんかん症状を起こして狂死してしまう。ネズミが大発生する。その出来事こそが，まさに水俣病事件の明確な予兆であったわけです。先ほどの高峰さんの資料を改めて拝見しても，猫が狂死する，猫のてんかん症状ということは確かに語られていますが，そのような出来事が起こった漁村はいったいどのような状況におかれていたのか，漁民の生活はどのようなものなのか，そして海はいったいどのような状態にあったのか，ということについてはほとんど語られていません。この場合，もし仮にという立論は決して無意味ではないと思います。もし仮に，猫が狂死するという出来事と同時に，漁民の暮らし，あるいは茂道の海に何らかの想像力が働いていれば，この猫の狂死という出来事がその後どのような悲劇を生み出したのかということが自ずと語られてくることになると思います。あんな不気味な出来事があって，その漁村はその後どうなったのか，そもそもその海はいったいどんな状態にあったのか，たった1回の報道でとどまる，ということはおそらくなかったと思います。

さらに，いわゆる1956年5月1日の公式確認については，それからほぼ半年経った時点で猫の症状と患者の症状との類似性ということも指摘され報道されています。チッソ水俣工場の廃水についても言及が始まっている。そう考えると，1954年の茂道の異変，魚と海水の異変，そしてチッソ水俣工場についての言及という，これらの出来事とそれに関する報道を関連づけていく，実はこれこそが水俣病事件に対する想像力なのではないかと思います。こうした場合，メディア・リテラシーという概念に結び付けがちですが，それとは性質が違うのではないか。メディア・リテラシーというような，メディアの表現に特有の文法を読み解くとかという能力ではなくて，ごく単純にいくつかの出来事を関連づけてみることに

よって，ここでいう想像力というものが働き始めるのではないか，そのように考えるわけです。
　それから村上さんの問題提起ですが，しがらみというのは，やはり水俣という地域社会に根付く深い歴史性，それこそがしがらみなのではないか。具体的にいうと，水俣という地域はチッソ創業の地です。1906年にチッソが創業する。それ以降，チッソという企業と，水俣という地域社会とが抜き差しならない関係で，100年近く歴史を展開してきたということ，これこそが村上さんのおっしゃるしがらみの実相ではないのか。こうした視点から水俣という地域社会が的確に描かれてこなかった，語られてこなかった，この点が非常に大きいと思います。
　水俣病事件の全国報道の第一報というのは，1959年の11月ですね，公式確認の第一報は，1956年の5月8日。先ほどから再三言及されている茂道の異変は1954年です。どこを起点にするかという議論ではなく，何年もの間この出来事が全国に報道されなかった。これは大変な問題ですが，もう一つこの問題が全国レベルで報道されたとき，どのような出来事として語られたのかということです。例えば，「不知火海漁民騒動」，漁民がチッソの工場に突入して，多くの負傷者，逮捕者を出す事件として語られたことです。つまり全国の人たちが初めてこの事件を知ったのは，このような事件として知ったということです。先ほど高峰さんも指摘されたように，漁民は暴徒と見なされるわけです。そして，チッソの操業停止を阻止するために「オール水俣」の体制ができる。これこそが，しがらみの姿なのではないか。
　実は，このような動きは，水俣病事件史のなかで再三起こっています。例えば，川本輝夫さんたちがチッソと直接交渉を始めたとき，もっと露骨なかたちでチッソを守るという運動，かぎかっこつきの「市民」の運動が大々的に展開された。こうした点が，どれだけ語られてきたのかということです。ですから，しがらみという場合，それに基づいてどのような事件像が描かれてきたのか。こうしたしがらみこそが，水俣病事件報道のなかでもうひとつ語られるべき，あるいは描かれるべき重要な局面なのではないかと考えます。
　お二人の問題提起のなかで共通して強調されていた点は，やはり水俣病事件報道の，持続性，継続性ということだと思います。これは，毎日ニュースに取り上げる，あるいは毎日紙面に書くということではないし，それは現実的にはできない。具体的に，継続的な，持続的な報道とはどのようなものなのか。もしかすると持続的な報道のヒントになると思うのは，NHKが制作した『奇病の影に』と

いうドキュメンタリーです。あるいは,「一株運動」を取り上げたドキュメンタリーです。これらのドキュメンタリーは,たんにある一つの出来事を描くのではなく,その出来事にいたる事件史というのをきちんと調べ上げています。これが持続的報道,継続的報道というのを考える一つのヒントになると思います。

高峰：私は,想像力という言葉を反省の意味もこめて使いました。けれども実際には,記事量が増えるのは水俣病事件が社会問題化した時だけです。水俣病事件の場合,社会問題化する時というのは補償問題のときです。原因究明の時もかなりの報道量がありましたが,それ以後はほとんど補償問題です。昭和34年,それから昭和48年,平成7年の政府解決策,そして現在です。

　私どもの新聞社で「水俣病50年」(2006年1月開始)という連載を始めるにあたって,社内で　議論をしました。私どもの取材班が出した結論は,産業廃棄物問題から入りたいということでした。皆さんご存知の方も多いと思いますが,水俣に九州最大規模の産業廃棄物の最終処分場ができようとしています。水俣の水源地の,山のとてもきれいな所に造ろうというわけです。水俣市民にとって,ここに九州最大規模の産業廃棄物をもってこられることは,どのような意味があるのかということです。適切かどうかわかりませんが,例えば広島や長崎に原発を造れるのか,誰がそういう提案ができるのだろうかということを水俣の方が指摘していました。それを聞いた取材班は,水俣病50年ということからすると先ほどの茂道の猫の話あたりからはじめるのが通常のやり方ですが,あえて今の水俣から入りたいということになりました。

　そうすると,ストーリーがきちんと立てられません。どういうことかというと,現実の問題,今の問題からスタートすると,なかなか歴史の問題に入れないのです。つまり,連載の順番が複雑になってくるのです。

　2月には市長選挙が控えています。そうしたなかで,水俣病50年という長期,大型の連載を1月1日から一面で始める。しかも,産廃の問題を一面で開始する。この紙面を見ると,産廃の問題に対する批判ということになるのは誰が見てもわかります。市長選挙にどう影響するかということを心配する声も社内でずいぶんありました。随分議論をしました。しかし結論は,水俣市民が水俣病の患者も含め,今一番関心があることならばそれでいいのではないかということで,あえてこの問題から始めました。結果的には現職の市長が負けて,産廃に反対する候補者が当選しました。ただし,産廃処分場の建設は粛々と進んでいます。

私が考える報道の持続性というのは，現実問題に常にコミットし続けることでもあります。それから補足したいのは，先ほどの昭和34年の11月の市民の陳情ですが，決定的に欠けていることが一つあります。それは，市民たちに本当の情報が伝わっていたのかということです。実は10月の時点でチッソは工場のなかで猫実験をやります。工場の廃水を直接猫に投与します。それで猫を発病させます。このことをチッソは知っています。市民は知りません。この情報の落差ですね。このところに，やはり大きな問題があると思います。そのことを新聞がきちんと報道できればよかったのですが，やはりできなかった。情報がきちんと市民に伝わることの意味，大切さを，あらためてこの問題は示唆しているような気がします。

村上：『記者たちの水俣病』で取材した記者の方のことですが，彼は見舞金契約のときに契約の文面を見て，「将来にわたってチッソに対して新たな補償を求めないという条項がついていることに気がつきました。そのことに疑問をもったわけです。ところが，それ以上踏み込めなかった。」といっていました。ただ私には弁解にしかとれなくて，その段階で彼の想像力あるいは判断力が欠如していたという以外になかった。これは，私にとっても長い取材期間の空白というのがありますから，同じことがいえると思います。つまり，事件の重大性というものを考えることができなかった。先ほど述べた先入観とかしがらみ，見舞金契約に疑問をもった記者にしても，根底にはあれほど優秀な企業がこうしたひどいことをするはずはないという先入観があったことを認めています。
　しがらみと先入観，これは誰がつくったのかというと，自分自身なんですね，それを作ってしまって問題を避ける，あるいは踏み込むことから逃げる，自分自身の体験からそう思っています。継続性についてですが，熊本放送で水俣病に関して私がつくる以前に番組として放送されたものはごくわずかしかありません。ニュースの場合も，たんなる事実の報道はありましたが，いわゆる検証ものはほとんどありませんでした。『記者たちの水俣病』を作るときにずいぶん調べましたが，残念ながらそういう番組はありませんでした。熊日とは違って，個人の制作者，個人の記者の頑張りによって，熊本放送の水俣病報道というのは支えられてきたといえます。

大野：水俣病について多くの報道が行われてきました。しかし，なかなか事件の

実像が見えてこないという実感をもっています。例えば患者という場合，行政側が認定をした患者がいます。司法で認定された患者がいます。95年の「政治決着」で医療費を補助されている患者がいます。そしていま，認定申請を行い，救済を求めている4千人から5千人の患者がいます。さらに，さまざまな事情でこれまで申請をしてこなかった，そういう症状をもっていても水俣病として申請することなく亡くなられた方もいますし，潜在化している患者も多数いる。そうすると，水俣病の患者というのはいったいどこにいるのか。現在，行政判断とか，裁判というかたちで，患者たちが顕在化してきましたが，水俣病の患者たちはまだまだ隠されている，見えない。そういう感じが非常にします。

新たに認定申請をしている患者は，40代，50代が半数近くを占めているといわれています。現在，認定患者で生存されている方の平均年齢は73.4歳に達し，非常に高齢化しています。その子供たちの世代も認定申請を求めています。その意味では水俣病はいわゆる空間的な拡がりだけではなく，次なる世代にまで大きく拡大をしている。この点では，水俣病は現在進行中の事件であるといえます。

水俣という地域社会のなかで，患者と一般市民とを分けてみると，水俣病の被害が顕在化することによって自分たちの生活が脅かされることから，患者に対して加害者になっていく一般市民がいます。ただし彼らも，その後患者になる場合があります。実はチッソという企業城下町のなかで，チッソとの一体感のなかで生活をしていた人たち。この人たちもやはり被害者ということもできます。つまり，社会的な被害者なわけです。確かに患者に対しては加害者の立場に立っています。しかし彼らも，水俣病を引き起こしたチッソのやはり被害者なのではないか。

2000年，私たちは水俣の小中学生にアンケート調査を行いました。そのなかで「あなたは水俣病のことを誰とでも話すことができますか」と尋ねました。その結果は，4割近くは「なかなか話せない」と答えました。次なる水俣を作り上げていく，担い手である若い世代が，水俣病について自由に話すこともできない。これは，時間的な拡がりのなかで，次なる世代まで，水俣病事件というのが大きな影響を及ぼしていることの証左と考えます。若い世代も被害者なのではないか。空間的・時間的にも，水俣病は非常に深く進行しているのではないか。

次なる世代まで被害が及んでいる，隠れた被害が存在するというときに，メディアは適切に対処しているのか。水俣という地域社会において，患者に関する報道と，その報道の市民の受け取り方が問題になるのと考えます。公正中立な報道

を行った場合，それが患者や水俣病というものに対する差別とか偏見をなくす方向に向かうのか，逆に患者に対するネガティブなまなざしを市民の間に作り上げてしまい，それをより強固にしてしまったのではないか。そうした点で，一層深刻な事態が進行しているという気がしています。

　それからもう一つ，中央と地方，地方のしがらみということを考えてみたときに，地縁とか血縁とか，地域の利害関係とか，いわゆるゲマインシャフト的なしがらみとが確かに存在します。それが直接に報道内容に影響を及ぼすことはないかもしれませんが，筆が鈍るということはあるかもしれません。中央のメディアは，そういうゲマインシャフト的なしがらみがないから，真実の報道ができるといえるのかどうか。実は中央のメディアは，より大きな組織のしがらみにとらわれ，ゲマインシャフト的なしがらみ以上の制約を受けながら報道しているのではないか。

　それを強く感じたのは，昨年の「耐震偽装」事件を見ていると，問題が非常に複雑であるにもかかわらず，断片的な情報をつなぎ合わせて，ひとつのストーリーを作り上げて報道した。この事件では熊本の木村建設が関わっているといわれ，東京支店長篠塚氏が姉歯氏に対して圧力をかけ，それがこの問題の原因だという物語を作り上げてしまった。自分たちで作り上げたフレームをもとに，善玉悪玉を見つけてストーリーをつくりあげて，報道していく。まったくそれから出ようとはしない，あるいは想像力がなくなっているのではないか。組織的なしがらみというのが，知らず知らずのうちに記者を拘束しているのではないかという思いを私は強くもっています。

高峰：僕はいつも，皆さんに水俣病のことをどの程度知っているのか，何がわかっているのかと尋ねます。皆さん，水俣病についてはある程度知ってはいますが，でもその中身はまだら模様といいますか，きれいな形にはなっていません。そこそこ原因はわかっていますが，チッソがどれだけの有機水銀を流したのかということはわかりません。また，水俣病とはどのような病気なのかということ，これは原田先生がずいぶんご苦労されてきたことですが，これもまだ議論になっています。最高裁で認めた病像を今の行政の方は認めません。行政の側にいる医師たちも認めません。この議論は延々と続いています。そういうなかで，患者も一般市民も被害者であるというご指摘はそうだと思いますが，マスコミの立場からすると，僕は事実をきちんと書いて伝えていくということしかないと思っています。

患者の置かれている現状と問題，市民が置かれている現状と問題，それぞれの主体への切り方の問題かなという気がしています。

　先ほどお話に出ました杉本栄子さん，最初のころの患者さんのお一人ですが，彼女たちが発症したときに一番差別をしたのは近くの人でした。しかしその後いろいろなことがあって，彼女らに厳しい言葉をいった人たちも，実は水俣病の被害者だったことがわかる。そうすると，本当は同心円として，杉本さんも，そのまわりの方も円が重ならないといけないわけです。しかしこれがなかなか重ならない。以前，川本輝夫さんとずいぶん議論をしたことがあります。それはどういうことかというと，川本さん自身は新しい運動を先頭に立って行っているという位置付けがされているが，しかしそれには実は前史がある。先ほどの原田先生のところでお名前のでた渡辺栄蔵さんという，第一次訴訟の原告団長をやり，見舞金契約のときは確か代表で判を押した人ですが，渡辺さんは裁判という形で闘いの先頭に立ちました。それから山本亦由さんという，優れたリーダーがいましたが，山本さんは裁判せずに，厚生省にお願いしますと頭を下げあっせんを依頼しました。こういう人たちの運動があって，生き方があって，川本輝夫という人の運動が出てきました。そんな話を川本さんとしました。そうしたら，川本さんもそれは「俺もわかっている」と。川本さんのお父さんも精神科の病院で狂い死にされたのですが，親父の裁判をしたい，要するに親父の裁判をすることで，自分の先輩の人たちとの水俣病の歴史を共有したい，とおっしゃっていました。それは実現しませんでしたが，そういう議論はありました。

　それからもう一つ地域の問題があります。水俣病50年の報道があったとき，水俣の旅館の人たちから客が減ったという抗議を受けました。映像でいうと，劇症の患者の様子，あるいはチッソの廃水の過去の映像が流される。要するに，今はどうなのか，今も患者は出ているのか，あんな廃水が今もあるのかということで，自分たちのところに問い合わせが来るというのです。そうした映像は，なるべく出さないでくれというわけです。少し乱暴な言い方になりますが，やはりこの50年，水俣市民の意識というのは少しずつ変わりつつあるけれども，岩盤みたいなところはなかなか変化していないという気がします。今日の熊日の朝刊に掲載していますが，先日，これからの水俣を考えようというシンポジウムを水俣でやりました。そのとき僕は，やはり真摯な反省がないかぎり強い気持ち，強い教訓は生まれてこない，その点では水俣市民はいま途上にあるといいました。その意味では実は私どもマスコミも途上にあると思います。

それと，確かにストーリーや物語によって報道は作られるという面はあります。耐震偽装でいうと，熊本県が大きな震源地になりました。事件が一段落して建設会社の東京支店長の篠塚氏や，東京地検の関係者に再取材しました。私どもマスコミがなぜ間違ったのかという検証を紙面で連載しました。マスコミはきちんとフォローしていく，検証していくことが必要だと思っています。先日，松岡農水大臣が自殺をしました。とてもショッキングなことで号外も出しました。取材をするなかでですね，一つのストーリーが作られました。それは松岡さんは死ぬ直前に熊本の阿蘇の実家に帰って，お母さんと会って，お墓参りをしたというものです。もちろんそれを書きました。そういうストーリーができあがりました。しかし，もう一度，大臣の足取りをきっちり再取材することが必要ではないかという内部の議論があって熊日でもう一回，松岡さんが亡くなるまでの１週間，10日，何があったのか，できるかぎり洗い直しました。そうしたら実は彼は直前の26日，阿蘇には行かなかった，お墓参りしてないことがわかりました。お墓参りは４月８日の熊本県議会選挙のときに，阿蘇に帰って逗留し，お母さんと話したというわけです。お母さんの記憶が曖昧だったのです。この話を取材陣に紹介したのは別の人だったのですが，すぐ修正記事を出しました。僕らは間違うこともあります。間違ったときに，ストーリーをそのままにしておかない。形はともかく，新しい正しい情報をきちんと示すということも，マスコミの責任だと思っています。

村上：私も大野先生と同じく，水俣で調査をしたことがあります。水俣の出身であることをいえないという人が多いという話を聞いたものですから。水俣高校の生徒たちへのインタビュー取材を企画したのです。最初校長先生は，そんな調査はお断りしたいといいましたが，最終的には調査ができました。水俣高校には周辺の津奈木町とか芦北町とかからも生徒は通ってきます。彼らは出身地をいえますが，水俣在住の半数以上がいまだに自分は水俣出身ということを外部の人にいえないという結果が出ました。水俣病の政治決着（1995年）から，たしか4，5年たった時期に調査したものですから，水俣出身であることをいいたがらない高校生はあまりいないと思っていました。しかし，半数以上の人たちがいまだにこだわりをもっていたのです。

　それからもうひとつ，『春・陽だまりの町』という水俣病をテーマにしたドラマをつくったことがあります。『市民たちの水俣病』を制作した翌年のことでした。『市民たちの水俣病』を取材しているときに，あまりに取材できない人たちが多

かった。テレビの場合どうしてもカメラで撮影して，インタビューすることになるので，事前のメモ取材には応じてくれますが，カメラを向けようとするとお断りしたいという方が大半でした。その結果，『市民たちの水俣病』は消化不良の番組になってしまいました。そこで，その人たちの思いをどうすれば伝えることができるか考えました。ドキュメンタリーというのは，事実の積み重ねで，核心に辿りつくという表現方法です。だから，同じ核心に辿りつくのであれば，フィクションでもいいのではないかという発想でつくりました。ドキュメンタリーに出演して下さった人たちにドラマという枠の中で改めて自分の境遇を演じていただきました。杉本栄子さんにも出演していただきました。ドキュメンタリーで取材できなかった，出演できなかった人たちについては，役者に演じてもらいました。

　そのときびっくりしたのが，明神という岬にあるタマネギ畑にクレーンを持ち込んで撮影をしました。そのときちょうど統一地方選挙の前で選挙カーがあちこちにいて，音がうるさかったんです。音待ちの時間に，向こうからお年寄りが駆け寄って来て「うちの畑は映らんでしょうな」といいました。「水俣病の畑と思われたら困る」というわけです。ロケを行った畑はもちろん許可をとっています。ところが，遠くの方にそのおじいちゃんの畑が映るわけです。水俣病の患者と一緒にうちの畑を映してほしくないということだったのでしょう。それを聞いた杉本栄子さんは本当にかんかんに怒っていました。そのお年寄りからは，最終的には了解をいただきました。しかし，そうした考えをもつ方がいまだに水俣にはいるんだなと思いました。かつての私にも似たところがありました。でも，私の場合は取材を通して水俣病に直接接することで，変化できたと思っています。

　ステレオタイプについては，どうしても取材が浅いとステレオタイプにはまってしまいます。テレビは新聞以上にストーリー性が求められます。取材を進めていけばいくだけ，いろいろな物語が水俣病にはあると感じました。ただ，愕然としたのは，去年水俣病50年ということで，九州・沖縄・山口のTBS系列でやっております『ムーブ』というドキュメンタリー番組（週に1回，30分のルポルタージュの番組）の担当ディレクターに研修会を水俣でやろうと誘いました。その時，沖縄のあるディレクターが「村上さん，チッソはまだ水俣にあったんですね。水俣病でもうつぶれてしまったもんだとばっかり思っていました」といいました。同じ放送局の制作者仲間ですが，その言葉を聞いて愕然としました。水俣病が全国に発信される機会が本当に少なくなってしまいました。どうやって発信するか

ということを，テレビの場合は新聞以上に考えなくてはなりません。発信するためにはいろいろな条件をクリアしなくてはなりません。ですから，テレビの場合，継続するのはかなりむずかしいのですが，手を替え品を替え，さまざまなストーリーを作ってこれからも発信していくことが，やっぱり必要なのではないかなと思います。

山本：私は，公害報道について 1973 年に本にしたことがあります。それは，足尾鉱毒問題についてです。水俣病に関しては，ポプラ社の本で書いたことがあります（『新聞・テレビをどう見るか』1975 年）。今日，これまでいろいろなお話がでてきて，水俣病事件のことが整理されてきましたが，私の場合にはやはり足尾鉱毒問題が問題意識の根底にあります。私はもともとデスクワーカーで，誰かを取材するというのは大変苦手でありまして，フィールドワークはほとんどやったことがない。ただ，この水俣病問題に関しては珍しく取材したことがあります。1972 年に東京で患者がチッソ本社前で座り込みを行い，テント村ができたときに，訪ねていったことがあります。そのときに川本輝夫さんたちにお会いしました。そして 76 年に，水俣市を訪問したさいに，やはり川本さんとか，砂田明さんたちにお会いしました。

　水俣病研究の私の出発点は，かつて『文春』に掲載された，これは高校生のころに読んだ記憶ですけれども，先ほども出た清浦説ですね。この論文を読んで，水俣病は有機水銀ではなく別の要因であって，チッソは加害者ではないという印象をもってしまいました。つまり，私はメディアに誤って誘導された一人であるということを感じて，水俣病報道問題を追跡しようとしたわけです。

　基調講演で原田先生がこれは「社会病」であるといわれましたが，これは「報道病」「マスコミ病」ともいえるのでないか。高峰さんが反省を込めていわれましたが，熊日がスクープしながらも追跡できなかったと。この問題は，熊日ばかりではなく中央紙や中央の雑誌（『文春』もそのひとつであります）にも当てはまります。メディアが自らの責任において原因究明を行ったのかということです。チッソ工場側の，加害者側の，世論操作によって多くの人は誤った印象を受けてしまった。メディアも責任をとろうとしない。

　私は，この問題を考える際に，先ほどのお話しにも出ました宇井純さん（故人）の言葉を思い出します。宇井さんは公害原論という講義を東大でやっていましたが，そのなかで彼は「公害問題で第三者の立場というのは加害者の立場である」

と明言しました。これは至言だと思います。公害問題については，被害者，加害者というような見方で両論を提起すると問題をわからなくさせてしまう。いろいろな意見を並列させると，加害者を喜ばせるだけであるということを宇井さんは看破しているわけです。結局，そういう公平な第三者を装うような報道の仕方が，加害者あるいは権力者，情報発信源を喜ばせているというわけです。

当時のわたしの取材でも，川本輝夫さんは新聞とかテレビとかは「いやらしいところがある」といっていました。うまく言い表せないが，なにかイヤミがあるというふうにいっているわけです。当時の『新聞研究』でも，川本さんと同じような趣旨のことをいっています。交通事故と同じで，公害では加害者と被害者は非常にはっきりしています。その場合，ふつうは加害者の側に取材に行く記者はあまりいない。ところが水俣病の場合，同じ記者が被害者を取材しながら，その足で工場を見学する，工場に情報を求める，工場側の意見を聞く。両論併記によって，結局問題を曖昧にしてしまったと思います。

そこで高峰さんにお聞きします。先ほど「オール水俣」といわれましたが，そのなかに新聞社とその関係者，あるいは広告主が含まれていたのか。村上さんには，入社してから長い間水俣の取材はされてこなかったと，それでは放送局の組織として，また社の方針として，どのように水俣病を取り上げようとしていたのか，お聞きしたいと思います。

高峰：昨年は，水俣病公式発見50年でしたけれども，チッソの前身の会社が発電所をつくってちょうど100年という年でもありました。同じ100年ということでは，山本先生が研究された足尾の谷中村が遊水池にさせられて確か100年目だったと思います。この100年の日本の歴史，足尾から水俣に続く歴史をみると，日本という国の別の素顔があるように私自身思っています。私も何度か谷中の遊水地に行ったことがありますが，水俣との共通性を感じます。

チッソの広告についてですが，チッソは意外とというか，広告はほとんど出しません。チッソという会社がつくっている製品も影響しているとも思いますが，それよりチッソという会社の"位置"が重要な気がします。東京から熊本は遠い，その遠い熊本からまた水俣は遠い，そのなかでチッソだけは東京とダイレクトにつながっているのです。これは水俣病事件の構造を象徴しているように思います。

それから，第三者の立場という問題については，場面によってさまざまかと思いますが，新聞社の立場からすると，被害者，加害者いろいろな人の話を聞くと

いうのは当然だと思っています。問題はその後だと思います。報道を継続する，持続する，あるいはその出来事について，どういう問題意識をもって取材を続けるかということだと思います。僕は公害問題では被害の立場から出発すべきだと思っています。

　熊日の場合，だいたい支局にいた記者も3年で本社に帰り，しばらくしてからまた別の支局に移って3年ほど勤めることになります。水俣病に関しても自分のテーマとして持ち続ける人もいますし，その間に別のテーマを見つける人もいます。それは人それぞれだと思いますし，それはそれでいいと思います。でもそのときに，自分のなかでそうしたテーマを持ち続ける，水俣ということを継続してもいいし，別の問題でもいいのですが，その問題を継続することが大切だと思います。それともうひとつ皆さんにご紹介しておきたいのは，水俣病事件と報道といったときに，一つ特徴的なことがあります。それは，水俣病患者の支援運動に，新聞社，放送局の記者たちが，個人の資格でずいぶん参加し，活動してきたことです。こうした記者たちの働きが，当時の紙面やテレビに大きな影響を与えているような気がします。僕自身ジャーナリズムというのは，組織ではなくて個人に属するものと思います。組織としてどう考えるかということも大事ですが，根っこのところは個々が，一人一人が何を書こうとするか，何を伝えようとするかということだと思っています。

村上：わが社に水俣病に関する取材の要請があったかどうか，あるいは組織としての対応ということですが，私が入社したころの会長は同じ水俣出身ということで親しくしていただきました。会長からは，よく「水俣のニュースが少ないなあ。村上，水俣を取材してくれんや」といわれました。これはあくまで個人的な話ですね。しかも水俣病ということではありませんでした。組織的には，もちろん裁判のときとかや何か事件が起こったときにはある程度報道しました。しかし，いわゆる継続的な，系統だった，あるいは検証するような，組織だった取材はほとんどしてないということが，残されたテープ，あるいは先輩たちのインタビューを通じてわかってきました。

　先ほど高峰さんも指摘されましたが，チッソはわが社にとっても大きなスポンサーではなかったようです。その理由は，消費者向けの製品を作る企業ではないという，その特性にあったと思います。ただし，雇用の吸収といったものはチッソにありました。ただし，それがメディアに対する影響力として働いたかという

と，ほとんどなかったと思います。メディアが事件当初，ある時期，水俣病の核心に迫れなかったのは，やはり先ほどでてきたメディアの想像力，いわゆる水俣病に対するスタンス，これがなかなか取材者のなかにできなかったことによるものと思っています。自らのなかに，しがらみや先入観を作っていたのではという印象を，私は先輩たちの話を聞いてもちました。彼らが事件の重大性を認識して，そのスタンスをしっかりともっていたら核心に迫る報道がより多く行われたと思っています。

ただその一方，現在テレビは新聞以上の影響力をもつといわれていますが，今わが社のやっている水俣病報道には反省しきりです。これは言い訳になるのかもしれないですが，水俣病の番組を立ち上げることは本当にテレビにとって至難の業になっています。まずスポンサーがつきません。たとえついても，水俣病の番組を流すときは必ず深夜になってしまいます。それもテレビショッピングのあと，だいたい2時半とか，もう夜遅いというか朝早いというか，そうした時間帯です。一度4時半の開始ということがありました。編成からは「コマーシャルの時間を設けなくてもいいですよ」といってきたことがあります。ふつうは，スポンサーがつかなくてもスポット枠というのがあって，深夜帯でも流していいようなコマーシャルを入れます。それも必要ないと。つまり水俣病というテーマの場合，スポンサーがどうしてもつきたがりません。ですから，水俣病の番組，いわゆるストーリー性のある番組を立ち上げるということはとても大変なことになっている。前もそうですけれども今はもっと大変です。

余談になりますが，今年（取材は去年でしたが）日本と韓国の大学生，熊本学園大学の学生，それから長崎シーボルト大学の学生，あわせて5人に韓国に行ってもらい，また韓国の大学生が日本に来て，豊臣秀吉の朝鮮出兵に関する取材を行いました。この企画は，私たちが発案したものではなく，学生たちが歴史にまつわるテーマを自由に選んだ結果です。日本の大学生が韓国に行きましたら，向こうで李舜臣（イスンシン）がいかにすごいヒーローであるのかがわかりました。何十冊と本が出ているわけです。学校の授業や教科書に取り上げられています。そうした歴史教育が行われています。それからマスコミも李舜臣，あるいは加藤清正のことを伝えます。そうした報道や教育を受けた韓国の学生が，清正がつくった熊本城に取材に来たわけです。

韓国での教育は，熊本城の石垣というのは，朝鮮から連れてこられた捕虜の人たちが築いたと教えています。報道もそうです。それから，熊本城のすぐ近くに，

蔚山町(うるさん)という地名があります。ここは，日本につれてこられた捕虜の人たちが住まわされた場所だという教育を受けてきています。韓国の教育で，蔚山町のプレートの写真があって，ここは朝鮮人の捕虜の人たちが住んでいた歴史的な場所と教えられるわけです。ところが韓国の学生たちが熊本城に詳しい人に案内され，日本側には石垣を捕虜が作ったという資料は残っておりませんという説明を何度もうけます。韓国の学生たちは，何度聞いてもその説明を受け入れることができない。韓国側の主張の論拠というのは全くないわけです。報道あるいは教育でも，子供のころからずっと受けてきた人たちの意識を変えるというのは本当に大変だなということを，去年の取材を通じて感じました。

　水俣病の問題にしても，私が以前そうだったように，報道や教育で教わることはまだまだ足りないのではないかと。事実を知る，真実を知るという機会まだまだ少ないと思います。そうした意味からも，これからさまざまな手法を用いながら，水俣病に関する番組を作り続けていくことがわれわれの使命だと思っています。

小林：広告などを通してのチッソからメディアへの影響力がほとんどなかったという問題についてですが，私自身はそういう形ではない絶大な影響力がチッソにはあったと考えます。この問題は，チッソとは一体どういう企業なのかということと関連します。じつは，この点は報道ではあまり明らかにされてない。これは決して比喩的な言い方ではなく，日本の高度経済成長の基盤を支えたのが実はチッソだったということが知られていない。そこで東京でこういう水俣病のような事件が起こっていたら，どのような報道が行われていたのかという視点から考えてみたいと思います。

　本州製紙江戸川工場が大量の化学廃水を流し，漁ができなくなり，漁民が抗議行動を行ったことがあります。そのとき通産省は，本州製紙の江戸川工場を操業停止処分にしました。水俣とはまったく違う展開が生じたわけです。しかし，水俣でこういう事件が起こったとき，実は操業停止処分については参議院でも議論されたわけですが，通産省はそうした措置をとらなかった。先ほどの原田先生のお話にもありましたように，初期の段階で食品衛生法を適用して漁獲を禁止するという措置も熊本県では検討されましたが，厚生省は食品衛生法の適用を見送ってしまいました。なぜかというと，食品衛生法を適用して漁を禁止すると，当然漁業補償の問題が出てくるからです。漁業補償の責任は，チッソが負わなければ

ならない。それを避けてしまった。その理由は，まさに有機水銀を出していたあのアセトアルデヒド工程こそが，日本の高度経済成長の屋台骨であったからです。それがなければ高度経済成長が実現できなかった。この点が最近の報道でもほとんどふれられていないということは，非常に大きな問題だと思います。

高峰：この問題はかなり難しい問題です。昭和34年11月に有機水銀が原因という答申を出した食品衛生調査会の水俣食中毒部会が答申の翌日に解散させられた。そのときの閣議で当時の池田通産大臣が，「結論を出すのは早計」といっています。ところが先ほど紹介したように原因がはっきりとした昭和37年の段階でも結局国は動かない。構造的には今のご質問のように，日本の高度成長の準備期にあったなかで，基幹産業のチッソを国が守ったといえると思います。43年9月の公害認定までチッソを守り，問題の幕引きをひっぱったということだと思います。実はその前の5月に，チッソのアセトアルデヒドの製造工程は廃棄されています。生産が終わり，用済みになった後で公害認定を迎えるわけです。そうしてみると，この間の報道はいくつかの問題があったなという気はします。

　個人的な思い出ですが，昭和34年当時の県警本部長に取材したことがあります。彼が記憶していたのは，言葉でいえば漁民暴動とチッソということでした。彼は治安問題としての漁民の暴動という言い方をしました。水俣病という話だけれども，申し訳ないけれども水俣病といわれても僕はわからないと言いました。たぶん彼の記憶のなかでは，漁民たちがチッソ工場のなかに乱入した，それにどう対処するかという，治安問題としての昭和34年11月の事件が印象に残ったのだろうと思いました。

村上：ひとつ私が経験したことを申し上げます。今から4年前くらい前，実は原田先生にもご出演いただきましたが，『水俣病空白の病像』という88分のドキュメンタリーをつくりました。医学界を中心とした長い番組でしたが，基本的には今の認定制度に異議ありという主旨で作りました。放送して1週間後くらいたって，当時の認定審査会の委員長から電話がありました。もう一本，国立水俣病総合研究センター（国水総研）からも電話がありました。これは環境庁の機関です。私はてっきり，両方とも抗議の電話と思って臨戦態勢で電話に出ました。ところが認定審査会の委員長は，ストレートに「感銘いたしました」と。熊本県の水俣病担当職員のこのVTRを教材用に使いたいという申し出だったのです。私はび

っくりしました。国水総研の方も、「実は立場上複雑な思いだったけれども、番組の内容には納得しましたし感銘を受けました」という電話でした。さっきから私はしがらみという言葉をよく使いますが、彼らのなかにもしがらみがあって、その部分をなかなか公の場でいえないという事情を、そのときに私は実感いたしました。

　国の側に立った学者の代表格、新潟水俣病にかかわった椿先生が亡くなる少し前に、鹿児島大学の前教授井形昭弘さんに語った言葉を紹介します。それは、「もし俺が死んだとしても昭和電工と環境庁からの花輪は断ってほしい」というものです。結果的には国の側に立った椿さんも、さまざまなしがらみと葛藤していたことが推察できる言葉だと思います。私自身、取材しながら、水俣病にかかわる人間、組織、そしてそれを動かす歯車がだんだんわからなくなったときもありました。今もそうです。だから、この歯車が一体何だったのかということを突き止めたとき、私の水俣病の取材というのはある程度決着に近づくのではないかなと思っています。

司会（大石）：最後に基調講演された後、今日のお話を最後まで聞いて下さった原田先生の感想をぜひお聞きしたいと思います。

原田：長い期間水俣病にかかわってきて、その間いろいろな批判を受けてきました。原田は患者の側にひっつきすぎるというんですね。医学は中立であるべきというのです。しかし、マスコミも同じで、中立というのはないんじゃないかと思うんですね。本当に好意をもっている人でも、原田の医学は患者にひっつきすぎてるというんです。公平でないと。科学的でないと。強者と弱者、権力と被権力という差別のなかでの公平とは弱者の側に立つことだと思います。マスコミも同じでね、いわゆる「公平」というのはないんじゃないかと。やっぱり、はっきり弱者の立場につくことが必要なんじゃないかなと思います。高峰さんには悪いけれども、私は熊本に来たとき、熊日というのは、祭日になると日の丸なんかつけていた。おもしろい新聞だなと思いました。だけど、ずっと何十年もつきあってみると、少なくとも水俣病に関しては、地元紙の熊日がいちばんしっかりしている、それはもう本当によく理解している。そういう意味では、全国的なものではなくて、やっぱりそれぞれの地域のそういうメディアが地域の問題をきちんと伝え、息長く追いかけていくという姿勢が必要なんじゃないかと。だからむしろ全

国紙やテレビよりも地方の新聞が，いろいろな地域の問題を拾って，われわれに提供してくれるならば，それは非常に役に立つのではないか。特に患者というのはだいたい弱者ですから，そういうと怒られちゃうかもしれないけれども，そういう人たちが多いわけで，その立場にちゃんと立つことが必要なんじゃないかと。今日みなさんのお話を聞いていて，なんか，いいなあと希望を感じました。

司会（大石）：最後に私のほうからひと言だけお話しさせていただきます。みなさん，不思議に思われた方もいらっしゃるかもしれませんが，私シンポジウムの冒頭に司会として問題提起や主旨説明をまったく行いませんでした。と申しますのも，基調講演をお願いした原田先生，そして高峰さんと村上さんが，豊富な体験と資料をもとに，鋭い問題提起をされることを事前の打ち合わせで十分わかっていたからです。ですので，あえてまったくしませんでした。ここで，法政大学の藤田真文さんが質問として提示された問いかけをご紹介して，このシンポジウムを終わりにしたいと思います。

「今回のシンポジウムでは，マスメディアの想像力の欠如や，行動の空白が問題化されていますが，それはマス・コミュニケーション研究にも投げ返される問いではないでしょうか。マス・コミュニケーション研究は，水俣病報道についていかなる研究活動によってどのような想像力を提供できるのか。研究の空白も焦点化されるべきではないでしょうか。」。

この問題提起を登壇している研究者，そしてフロアーの皆様に投げかけて，シンポジウムを終了させていただきます。ご清聴ありがとうございました。

第70号特集「マス・コミュニケーション研究：回顧と展望」(承前)
メディアとグローバリゼーション

鈴 木 雄 雅（上智大学）

1．はじめに

　編集委員会より与えられたテーマは，本誌第39号（1990年）の特集「マス・コミュニケーション研究の系譜1951～1990―日本新聞学会の研究活動を中心―」所収の「国際コミュニケーション論　国際コミュニケーション研究を振り返る」（鶴木眞）から，第50号（1997年）特集「現代マス・コミュニケーション理論のキーワード」所収の「国際コミュニケーション論」（本多周爾・白水繁彦），第51号（1997年）の特集I「ポスト冷戦時代の国際コミュニケーション論」所収の4論文（鶴木眞・伊藤陽一・藤田博司・坂井定雄）の流れを汲むことと理解している。その他，第58号（2001年）特集「情報技術の進展とメディア秩序の変容」所収の4論文（内藤耕・山口秀夫・広瀬英彦・水越伸／金亮都／劉雪雁）も最初に読んでおく必要があるだろう。
　これまで一般に国際コミュニケーションと称された領域の研究がグローバリズム，グローバリゼーションという用語を冠した研究として顕著になるのは，1990年代半ば以降である。
　東西冷戦の終結から東欧の崩壊（1980年代末～90年代半ば），湾岸戦争（92年）以後，インターネットの開発による世界的なコミュニケーションの進展は2国間，多国間におけるコミュニケーション研究の動向に大きな影響を及ぼした。1980年代までに主流であったユネスコと米ソ超大国が主導のコミュニケーションの流れや量的比較分析的側面が強いところから質的分析，多様性にとんだ研究

が増えたのではないだろうか。

　本誌第50号では，前年の春季研究発表会のシンポジウム「グローバライゼーションの中のマス・コミュニケーション」が掲載されていることも付け加えておこう。

　世界の外交がメディアによる影響あるいはその大衆操作による威力が叫ばれる中，テレポリティックス（telepolitics）のみならずメディアディプロマシー，テレディプロマシー（mediadiplomacy, telediplomacy），広報外交（public diplomacy）という言葉が飛び交う。また，デジタル化の普及，促進は従来国内のみでの多チャンネル・多メディア化が世界的規模で議論することを促したと言える。その結果，マス・メディア，メディアを所有するオーナーたちのコングロマリット化による世界的規模での寡占の問題も明らかになってきた。

　さらに，そうした流れのなかで流通するメッセージは何もジャーナリズム性が強いニュースのみならず，「情報」という言葉のもとに収斂されてしまい，インフォテイメント化したコンテンツが各国の貿易産業において，新たに重要な戦略として位置づけられるようになる。輸出もあれば輸入もあるから，当然そこでは，かつて生じた日米経済摩擦に類似したような新たな貿易摩擦が生じ，これもまた領域研究に新しい刺激をもたらした。シンプルなメディア産業論から文化産業としてマス・メディアが生み出すメッセージを捉える研究である。

　さらに，日露戦争百年，9・11（2001年）以降のアフガン攻撃，「テロリズム」，イラク戦争（2003年）という流れの中で戦争報道研究が多く出たのも，国際報道における戦争およびその伝え方を考察する。

　本稿では，1990年代半ば以降（本誌49号＝1996年），2国間，多国間にわたってのメディア，コミュニケーション領域の学会員の研究動向を，発表刊行物（書籍＝単行本，共著，論文）からレビューする。

2．本誌掲載論文の研究動向

　国際コミュニケーション研究は，そもそも20世紀初頭における無線放送（のちラジオ短波放送）と映画の発展と流通といった電子的（electronics）マス・メディアの発達が現在の流れを作ったと言える。換言すれば，それは国境を越えるメッセージが創出されたことであり，それによるマス・コミュニケーション活動の広域化（国際化）であり，研究対象，目的はやはり送り手について，媒体につい

て（流れの実体），受け手について（効果・影響）といったところに集約されるものが少なくない。グローバル報道のアカデミックな関連研究の変遷は，武市英雄「グローバル時代における報道の意味」（武市英雄・原寿雄［責任編集］『グローバル社会とメディア』叢書現代のメディアとジャーナリズム第1巻，ミネルヴァ書房，2003年）に譲るとして，また拙稿「メディア企業の国際支配を考える」（56号特集，2000年）や小林宏一「ディジタル時代におけるメディア環境——グローバリゼーションとローカリゼーションのはざまで」（52号特集，1998年）といった特集で掲げられたものを除くと，比較ジャーナリズム，外国ジャーナリズムと称される領域などは，主に相手国のメディアを対象にして考察を行ったものであるにしても，その研究テーマは多岐にわたる。ラフではあるが，いくつかの分類化を試みた。

【ジャーナリズム・国際報道】

ここに分類される分類は，そもそもグローバルな視野をもって政治，経済分野における報道であるが，考察対処とする相手国は複数というよりも対象国と日本との比較という枠組みが多い。飽戸弘「アメリカ大統領選挙と国民の政治参加——メディアの功罪」（59号，2001年）は60年代以降，特に70年代以降のアメリカの大統領選とメディア，新聞よりもテレビメディアに着眼し，さらにメディア報道の日米比較を試み，井上泰浩「米エリート紙における日本の首相報道——逸脱理論，覇権理論による偏向の研究」（56号，2000年）も米国の日本報道（細川，羽田，村山，橋本）の実証分析である。井上はNYタイムズやワシントンポストなどに構造的な偏向があること，ニュースソースとしての特派員の影響さらには日本人，非日本人によるコメントの相違などを導き出した。

この種の研究はある争点をテーマに報道比較を行い，知見を得ることが特徴である。金京煥「韓国・北朝鮮首脳会談に関するテレビ報道の内容分析」（59号，2001年）は，日本のテレビニュースにおける北朝鮮・韓国首脳会談（2000年6月）に焦点を報道量の量的・質的分析を行った。

杉野定嘉「日本の新聞におけるSARS報道について——中国報道の宣伝的側面に関する数量分析」（65号，2004年）も同様であるが，日本の中国報道が中国政府により極めて特異な監視下にある故，対日中国宣伝が有利にあるとの前提で行われている点は興味深い。

【メディア研究】

ここに分類したのは，まず井上泰浩「米国ジャーナリズムにおけるコンピュータ援用取材（CAR）の革新性と問題点」（59号，2001年）や茂木　崇「『ニューヨー

クタイムズ』における Op・Ed ページの展開」(58 号, 2001 年) のように, 相手国におけるジャーナリズムの機能やマス・メディアのいわばハード面, ソフト面の開発を研究したものである。楊　霜「市場競争とともに発展する中国のテレビ放送—中央テレビの広告オークションを中心に」(58 号, 2001 年) は, メディア産業 (広告) の発展, 李　虎栄・金　京煥「韓国における無料新聞の紙面構成と広告に関する研究—「メトロ」,「AM7」,「ザ・デイリー・フォーカス」の事例を中心に—」(69 号, 2006 年) は, 韓国新聞産業の変貌を検証している。

　金　廷恩「韓国における日本のテレビソフトの移植—韓国制作者の日本製ソフト受容を中心に—」(68 号, 2006 年) と周　兆良「台湾におけるテレビ放送の多チャンネル化, 国際化の進展」(53 号, 1998 年) は, ともに相手国, 国外からのコンテンツ流入に伴う国内メディアの国際化を分析しようとしたものである。同様に, 李　衣雲「台湾における日本恋愛ドラマと日本イメージの関係について」(69 号, 2006 年) と李　洋陽「中国人の日本人イメージに見るメディアの影響—北京での大学生調査結果から—」(69 号, 2006 年) は古典的なアプローチではあるにしても, メディアが作り出す相手国イメージ (ステレオタイプ) 研究である。以上は, 後述の 3 に関連する研究でもある。

　林　怡蓉「台湾の『コールイン討論番組』について—双方向討論番組の社会的意義」(65 号, 2004 年) も台湾メディアが非合法下で人気のあった討論番組が現在は批判されている流れを追い, デモクラシー・メディア・コミュニケーションという広い文脈のなかでグローバル化の進むマス・メディアの抱える問題を論じる必要性をあげている。

　やや幅を広げて国際的な報道比較ではなく, 特定国の社会とメディア, あるいはメディアと政府という視点でみると, 以下のような論文がある。

【政策論・制度論】

　水野剛也は「キューバ・ミサイル危機におけるケネディー政権の情報管理政策」(50 号, 1997 年) において, 国家とメディアが危機管理にどう対応したかを論述しているほか, 水野は主として歴史的アプローチから, 第二次世界大戦時における米国のメディア政策を実証的に分析した (「日系アメリカ人立ち退き・収容におけるアメリカ政府の邦字紙管理政策 1941 ～ 1942」56 号, 2000 年, 「日系アメリカ人強制収容所における新聞の「検閲」と「監督」—立ち退き・収容初期における政府の新開発行・管理政策」58 号, 2001 年,「第二次世界大戦初期のアメリカ政府による日本語新聞の利用—事実統計局 (OFF) および初期戦時情報局 (OWI) の情報提供と編集介入を中心

に」65号,2004年)。朴順愛「朝鮮総督府の情報宣伝政策」(49号,1996年)も歴史的なアプローチから植民地のメディア政策を批判している。

やや異例かも知れないが,小野恵子「1996年米大統領選のテレビ・コマーシャルにみる政策争点情報と感情アピール―外交安全保障政策を例として―」(56号,2000年)は,TV コマーシャルのメッセージ性のなかでに外交政策の争点を見出している。

さらに,この範疇に入るのは内藤耕「開発体制化のメディアと言語政策―マレーシアの転換を例として」(49号,1996年),佐伯奈津子「インドネシアの国家権力とメディア―AJI の結成と民主化の模索」(51号,1997年),坂田邦子「インドネシアの国家開発とマスメディア―サンブンラサ・コミュニケーション」と「クロンプンチャピル」(60号,2002年),松本悟「インドシナ共産主義の政党とマス・メディア―ラオスとベトナムの新聞統制」(56号,2000年)といったマス・メディアに対する第3世界の国家政策を扱った研究である。本田親史「台湾におけるメディア公共圏の生成と変容―地下媒体の発展史を中心に」(59号,2001年)論文も脱中国化が顕著となった1970年代以降の台湾メディアに焦点をあて,ローカル,ナショナル,グローバル線上公共的コミュニケーションを捉えている。

阿部るり「マス・メディアとレイシズムに関する一考察―1990年代ドイツにおける『外国人』に関する報道」(51号,1997年)や清水真「東欧旧社会主義国における国営テレビの変容―チェコ・スロヴァキアの事例を中心に―」(61号,2002年),あるいは横山　香「ポピュラー・カルチャーとしてのタブロイド―ドイツの『タブロイド・テレビ』をめぐって」(56号,2000年)などは,数少ないヨーロッパのマス・メディア研究の範疇に入る。

阿部は報道のなかでのエスニシティ,清水は体制崩壊の過程での放送制度,横山は大衆文化のなかでのタブロイドといった軸を用いての考察だが,鈴木弘貴「EU 統合と汎欧州民間テレビニュース局『ユーロニューズ』―ナショナル・コンテキストからヨーロピアン・コンテキストへの試み」(55号,1999年)は統合のなかでのマス・メディアの役割を主眼においた論文である。

【エスニシティ】

ところで,藤田結子「エスニック・メディアのニュース制作―ニューヨーク市の日系新聞を事例として (61号,2002年)」「グローバル化時代におけるエスニック・メディアの社会的機能―ニューヨーク市の日系新聞読者調査から」(64号,2004年)などは参与観察を前面にしたエスニック・メディアの送り手研究,社会

的機能を探るものであり，小林聡明「在日朝鮮人メディア研究序説―GHQ 占領下における在日朝鮮人新聞の成立と変容」(61号，2002年)は限定的な特殊期間を対象とした歴史的アプローチではあるものの，根底に通じるものがあり，それは視点を変えれば，水野剛也「第二次世界大戦時の日系人立ち退き・収容問題とアメリカのリベラル・プレス―『ニュー・リパブリック』と『ネーション』の日系人報道」(52号，1998年)も同類となる。

また，鍵本 健「無礼人「ラジオ理論」の射程―ドイツ連邦共和国における市民メディアの発展史との関連から」(69号，2006年)や井川充雄「朝鮮戦争におけるアメリカのプロパガンダ放送とNHK」(60号，2002年)の研究は，限定された時代とメディアを考察したもので，総じて言えば，歴史的アプローチから時代におけるメディアの役割を考察した研究である。

【研究動向】

ビナルク・フェ・ムトゥル「トルコにおけるジェンダーとコミュニケーション研究の現状」(52号，1998年)や別府三奈子「米国ジャーナリズム研究・教育のスタンダード―『ブライヤー・アプローチ』の史的考察」(56号，2000年)論文のようにアカデミニズムの研究史は数こそ少ないものの，希少である。1980年代後半に試みられた海外学会展望や研究動向がその後自然消滅したのは残念である。

3．戦争報道を中心とした国際報道に関する研究動向

現在の戦争報道を主テーマとした研究書の刊行の流れは9・11事件以前，以後に分かれるだろう。門奈直樹『ジャーナリズムの科学』(有斐閣選書，2001年)は，「戦争とジャーナリズム」と題した章で，コソボ戦争(1999年)と英国マス・メディア，ペルー人質事件(1996-97年)を扱っており，湾岸戦争における米ジャーナリズムの「敗北」をめぐっての石澤靖治『戦争とマス・メディア』(ミネルヴァ書房，2005年)を除けば，ほぼ後者に集中している。9・11事件以降出版された主要書をあげると，

　E.W.サイード，中野ほか訳『戦争とプロパガンダ』『戦争とプロパガンダ2―パレスチナは，いま―』(みすず書房，2002年)
　外岡秀俊，枝川公一，室加謙二(編)『9月11日・メディアが試された日―TV・新聞・インターネット』(トランスアート，2001年)
　重富真一，中川雅彦，松井和久(編)『アジアは同時テロ・戦争をどう見たか―

19カ国の新聞論調から』(明石書店，2002年)

松井和久，中川雅彦(編著)『アジアが見たイラク戦争――ユニラテラリズムの衝撃と恐怖』(明石書店，2003年)

柴山哲也『戦争報道とアメリカ』(PHP新書266，2003年)

青弓社編集部(編)『従軍のポリティクス』(青弓社，2004年)

BBC特報班(編)，中谷和男訳『イラク戦争は終わったか！』(河出書房新社，2004)

門奈直樹『現代の戦争報道』(岩波新書，2004年)

同志社大学浅野健一ゼミ(編著)『イラク日本人拘束事件と「自己責任」報道――海外メディアは日本人拘束事件をどう伝えたか』(現代人文社，2005年)

木下和博『メディアは戦争にどうかかわってきたか――日露戦争から対テロ戦争まで』(朝日新聞社，2005年)

前坂　俊之『メディアコントロール――日本の戦争報道』(旬報社，2005年)

永島　敬一『アメリカ「愛国」報道の軌跡――9・11後のジャーナリズム』(玉川大学出版部，2005年)

橋本　晃『国際紛争のメディア学』(青弓社，2006)

浅野健一『戦争報道の犯罪――大本営化するメディア』(社会評論社，2006年)

グレッグダイク，平野次郎(翻訳)，遠藤利男(監修)『真相――イラク報道とBBC』(NHK出版，2006年)

　主として米国のメディアがイラク戦争をどう報じたかであるが，木下(2005年)，前坂(2006年)は日本の戦争報道の軌跡を，また橋本(2003年，2006年)は本誌第66号(2005年)特集「戦時におけるメディアと権力」所収の「限定諸戦争におけるメディア――分析の枠組みづくりに向けて」に代表されるように，グローバリゼーションの進展と戦争報道の枠組みの解明を試みている。

　また研究論文としてあげておかねばならないものは，島崎哲彦・辻泉・川上孝之「9・11同時多発テロ事件およびアフガニスタン戦争における日本の新聞報道(I)――朝日・毎日・読売3紙の内容分析から――」『東洋大学社会学部紀要』第42-2号(2004年度)，竹中のぞみ・青木千加子・青木麻衣子・佐藤美希・品田実花「イラク戦争時の米国報道――英・豪・加・サウジアラビア新聞比較――」(北海道大学大学院国際広報メディア研究科・言語文化学部紀要)である。いずれも新聞ニュースの内容分析であり，オーソドックスではあるが，戦時におけるニュースの流れがいかにあるかを実証的に示している。本誌61号(2002年，特集II「メ

ディア・政治・権力」）所収のアイバー・ゲーバー「紛争と妥協」は北アイルランド紛争と英国メディアを取り扱っているものの，BBC の存立そのものを左右する意味で，あげておかねばならない。

近年注目が集まるアルジャジーラについての刊行が続いたのも時代を反映している。

　オルファ・ラムルム（藤野邦夫訳）『アルジャジーラとはどういうテレビ局か』
　　（平凡社，2005年）
　ヒュー・マイルズ（河野純治訳）『アルジャジーラ報道の戦争すべてを敵に回したテレビ局の果てしなき闘い』（2005年）
　石田英敬ほか『アルジャジーラとメディアの壁』（岩波書店，2006年）

ところで，従来のマス・メディアが流すニュースがグローバリゼーションのなかで多様化するかどうかは，大いに疑問のあるところで，藤田真文・小林直毅「グローバル化の中のニュース番組とオーディエンス」伊藤守（編）『テレビニュースの社会学』（世界思想社，2006年）のように，ニュース研究の対象としてニュース内容・取材対象のグローバル化，送り手のグローバル化，送り手の多元化に分類すると分かりやすいだろう。

伊藤陽一（編）『ニュースの国際流通と市民意識』（慶應義塾大学出版会，2005年）はニュースの国際流通を支配する多様性よりも，市民意識と国際ニュースの影響関係を論じている。東京経済大学大学院コミュニケーション学研究科（編）『日本の国際情報発信』（芙蓉書房出版，2004）は，国際情報発信のあり方を日本の発信能力の向上を勧告している。

またニュースの送り手ではないにしても，1860年代に米国でTV時代の政治が登場して以降国内政治へ広告代理店が関与する例は顕著であるが，グローバリゼーションが進むなか，まさに商品を売り込むという究極の目的に「戦争」も射程に入ったのである。それは国際世論の形成に大国のマス・メディアがどう関与しているのかという，現代世界地図は誰が作るのかという命題への挑戦でもあろう。

高木徹『ドキュメント戦争広告代理店』（講談社，2002年）は，ボスニア紛争を舞台とした代理店の暗躍を描き，ナンシー・スノー，福間良明（訳）『情報戦争』（岩波書店，2004年）や同，椿正晴（訳），神保哲生（解説）『プロパガンダ株式会社――アメリカ文化の広告代理店』（明石書店，2004年），あるいは石澤靖治『大統領とメディア』（文春新書，2001年），『アメリカ大統領の嘘』（講談社現代新書，2004年），

ダン・ブリオディ,徳川家広訳『戦争でもうける人たち』(幻冬舎,2005年)は,パブリック・ディプロマシーに美名のもとに介在する第3のメディアとして広告代理店を表舞台に登場させた。戦争と文化が表裏一体で動くのもまたグローバリゼーションの宿命ではないだろうか。

その意味でプロパガンダ研究が再び脚光を浴びつつある。山本武利『ブラック・プロパガンダ─戦略のラジオ』(岩波書店,2002年)や井川(2002年)を代表に,津金澤聰廣・佐藤卓己(責任編集)『広報・広告・プロパガンダ』(叢書現代のメディアとジャーナリズム第6巻,ミネルヴァ書房,2003年)は旧来の政治宣伝枠から広報学を踏まえた「公共性」にあると解くが,これまたグローバリゼーションの流れと一致するのである。(以上,出版年順)

4.コンテンツ流通の拡大と文化摩擦

ここでは,大別すると川竹和夫グループが研究を続けているTV番組の国際流通の調査(川竹和夫,杉山明子,原由美子「日本のテレビ番組の国際性」『NHK放送文化研究所年報』2004など)と小玉美意子グループの国際テレビニュース研究の成果(1974年から10年ごと)がまず代表的研究としてあげられる。前者については川竹和夫,杉山明子,原由美子編『外国メディアの日本イメージ─11ヵ国調査から』(学文社,2000年)ほか,後者については「国際テレビ比較2004」((武蔵大学総合研究所紀要)2005年ほか)がある。

主としてマス・メディアに表れた日本のイメージあるいは外国イメージを主としたジャンルは欧米・アジア,中東各紙の日本報道を分析した石澤靖治(編)『日本はどう報じられているか』(新潮新書,2004年),米誌『フォーチューン』に描かれた日本観などから考察を加えている高島秀之『嫌われた日本─戦時ジャーナリズムの検証─』(創成社,2006年),メディア・ステレオタイピング研究の副題を掲げ,テレビCM,ワールドカップといった特定のイッシューを研究対象とした萩原滋・国広陽子(編)『テレビと外国イメージ』(勁草書房,2004年)がある。また日韓共同で韓国若者の日本イメージを調査した朴順愛+土屋礼子(編著)『日本大衆文化と日韓関係』(三元社,2002年)は,大衆文化開放政策のなかで日本産コンテンツの韓国への流入状況と若者の対応を論述している。

石井健一『東アジアの日本大衆文化』(蒼蒼社,2001年)や岩渕功一『トランスナショナル・ジャパン』(岩波書店,2001年),『グローバル・プリズム─(アジア

ン・ドリーム）としての日本のテレビドラマ』（平凡社，2003年），岩渕功一（編）『越える文化，交錯する境界——トランス・アジアを翔るメディア文化』（山川出版社，2004年）あるいは杉山知之『クール・ジャパン　世界が買いたがる日本』（祥伝社，2006年）などがある。

　日中韓三国でメディア共同事業化が進む東アジアに焦点をあてた菅谷実（編）『東アジアのメディア・コンテンツ流通』（慶応義塾大学出版会，2005年）は，経済的側面から，新たな産業構造や制度の変化を追った研究書である。

　しかしながら，全体としては漫画やコミック，アニメをソフト産業として輸出したからといって，即日本の対外イメージがアジアにおいて文化的な主軸を占めるわけとも言えない。「クールジャパン」に踊らされるのは，実はグローバリゼーションのなかの日本ではないだろうか。

　よりジャーナリズム論に絞った研究では，戦前カナダで発行された日系新聞と新聞人を扱った田村紀雄『エスニック・ジャーナリズム』（柏書房，2003年），川上和久『北朝鮮報道』（光文社新書，2004年）や小森義久『日中報道700日』（2005年），卓南生『日本のアジア報道とアジア論』（日本評論社，2003年）や20世紀末の北東アジアのメディア状況を描いた奥野昌宏（編）『マス・メディアと冷戦後の東アジア』（学文社，2005年）がある。これに加えて大石裕，山本信人『メディア・ナショナリズムのゆくえ——「日中摩擦」を検証する』（朝日新聞社，2006年）に見られるように，今後メディアがかもし出すナショナリズムの形成をテーマのひとつとした研究が増えるのではないか。前述したようにプロパガンダ，広報の歴史的アプローチの研究——例えば植民地における日本映画，メディア統治などを扱った山本武利責任編集『「帝国」日本の学知』第4巻（メディアのなかの「帝国」，岩波書店，2006年）などが増えているのはその一例でもあろう。

　一層の交流が深まればおのずと文化摩擦が生じ，それが繰り返されることが融合と調和の過程にあることを肝に命じなければならない。

5．おわりに

　1970年代から80年代にかけてユネスコを舞台にした国際情報・コミュニケーション秩序（NWICO）形成の過程で巻き起こった様々な諸様相は国際情報の流通と国際コミュニケーション研究に大きな影響を及ぼした。第一に情報の世界的な不均衡を実証的に解明したこと，第二にその是正の勧告があった。それらを背景

として，ブロックごとの通信社の共同配信や世界的な規模でのニュース普及は拡大したと言える。しかしながら，それらが従来の構造を打ち破るものであったかどうか。いずれの研究も，マス・メディア大国の発信する情報量の増加であり，独占，寡占と言えるものではないだろうか。既存の「ニュースバリュー」が変わったとは言えないであろう。

　他方，インターネット（サイバースペース，ディジタルメディア）の拡大は地球規模での読者，オーディエンスを生み出している。2項で紹介したように，戦争が起きるたびに，ニュースの検証や研究が増えるが，大規模な地域紛争や戦争は一向になくなる気配はない。であれば，グローバリゼーションのなかでマス・メディアが「戦争を回避する」こと，「マス・メディアと平和」といった理念をその命題的機能として行う研究が今後望まれる。

論 文

〈広告制作者〉の起源®
―― 1920年代における「商業美術家」と
形式主義の言説空間 ――

加 島 　 卓
(東京大学大学院生)

1．問題意識

1－1　起源の忘却

　現在の私たちが「広告」の歴史としてしばしば出会うのは，その起源を「コミュニケーション」の起源と同様に捉えるものである[1]。しかしこうした視座は，広告を通時代的で普遍的に捉えている点において誤りである。私たちが認識すべきは，この普遍性こそが歴史的な産物であるということであり，しかもその歴史性が隠蔽された処に現在の広告が存在しているということである[2]。従来の広告史は過去から現在に至る線的な記述を疑ってこなかったが，それは「広告」そのものの歴史性を忘却している点において問題だったのである[3]。

　このような「転倒した時間性」(柄谷　1988) は，近代日本の〈広告制作者〉[4]の歴史においても例外ではない。その例として挙げられる岸田吟香(1833-1905)は，そもそも事業主であった。萬年社の高木貞衛(1857-1940)は代理業者であり，資生堂意匠部(1916年設置)は企業の一部門であった。また森永製菓の和田三造(1883-1967)は，画家だった[5]。つまり彼らにおいて，〈広告制作者〉という専業的な自覚はまだ誕生していなかったのである。にもかかわらず彼らは，遡及的に〈広告制作者〉として把握されてしまう。これにより〈広告制作者〉の起源は見失われ，歴史記述は無限に後退する。本稿はこうした〈広告制作者〉の起源の忘却に

抗い，一つの起源を提示することを目指している。

1−2 〈広告制作者〉の記述困難性

これまでに〈広告制作者〉の歴史が「新聞記者」（山本　1990）（河崎　2006）のように記述されてこなかったのは，単にバリエーションの問題なのではない。そもそも広告は，新聞など他の媒体に寄生することによってのみ存在可能である（北田 2002：32-35）。紙面という舞台において，記事と広告は機能的に等価であるとは言えないのだ。そしてこの事実こそ，私たちに広告を「マスコミュニケーションの産業的な背景」として理解させるものである。ゆえに新聞学に始まるマスコミュニケーション研究において，新聞記者の記述の存在と〈広告制作者〉の記述の不在という不均衡は問題とならなかったのである。

この従属性から逃れられない〈広告制作者〉は，やがて産業構造やマーケティングを扱う広告研究と表現を扱う美術史研究へと離脱していった。しかし前者は"いかに広告すべきか"という点に，後者は"どのように制作してきたのか"という点に照準することになり，各々で記述されるのは「制作物」としての広告とそれを前提とした産業論であり，〈広告制作者〉そのものではなかった。その理由を端的に述べれば，広告において制作物の説明はそのまま制作者の説明となり得ないからである。芸術の場合，その作品に何が描かれているのかを分析することで作者を析出できるという前提を持つ。しかし広告の場合，その制作物は広告主等との調整で練り上げるものであり，描かれたものをそのまま分析しても，〈広告制作者〉を析出することはできない。"何を描くのか"が観察可能な芸術家は，【メッセージ＝内容】の分析が可能だが，"いかに描くのか"しか観察できない〈広告制作者〉は，【メディア＝形式】の分析しかできないのだ。この「形式主義」とも呼べる〈広告制作者〉の在り方，そして「制作物≠制作者」という広告の前提こそ，制作物の記述の存在／〈広告制作者〉の記述の不在という不均衡を生み出してきたのである。

1−3 埋め合わせとしての〈感性・センス〉

それでは，なぜ〈広告制作者〉を記述しなくてはならないのか。それは〈広告制作者〉が主体として独特の曖昧さを保持しながらも，現在にまで在り続けているからである。この主体の曖昧さとは，〈広告制作者〉の捉えにくさという意味において，先述の「マスコミュニケーションの産業的な背景」「形式主義」「制作

物≠制作者」と対応する。しかしこうした記述困難性は，研究の困難を意味するものではない。むしろこの捉えにくさが〈広告制作者〉の特徴となってしまったことこそ，歴史的に考察されるべきなのである。

そこで本稿は，〈広告制作者〉の職業能力としてしばしば語られる〈感性・センス〉に注目してみたい。なぜなら〈感性・センス〉を肯定しても否定しても，これに言及することによって〈広告制作者〉という主体の曖昧さは埋められ続けるという事実性が認められるからである。こうした〈感性・センス〉は，言葉の意味内容が宙吊りにされたまま反復され続ける点において，「言説」(赤川 2006)であると言えよう。また言説としての〈感性・センス〉は，それを評価する「測定・証明方法」(本田 2005)を持たない点において，超越的な効果を持つとも言える。このような言説としての〈感性・センス〉は，自己説明を回避しながら流通すると同時にその超越的な効果を発揮する点において，〈広告制作者〉という主体の曖昧さを埋め合わせ，独特の捉えにくさを社会的現実として構成していると考えられよう。

そこで本稿は，このような問題設定に対して「言説分析」を行う。なぜなら〈広告制作者〉の捉えにくさ自体は言語的な構成によると考えるからであり，それを明らかにするためには言説の歴史的考察が不可欠と考えるからである。したがって以下では，まず〈広告制作者〉の起源を歴史的に明らかにし，次に曖昧さを埋める〈感性・センス〉がいかに意味づけられたのかを述べる。そしてこれらを同時代の言説空間に再配置した上で，最後に〈広告制作者〉という主体を曖昧にし続ける機制を記述するための方策と展望を示す。こうした作業により，〈広告制作者〉の記述困難性を解除し，今後の研究に道を拓くことが本稿の目指す処である。

2．〈広告制作者〉と〈感性・センス〉

2-1 副業としての広告

まずは「広告」が言葉として認知されてはいても，その制作が専業と捉えられていなかった時のことを確認しておこう。先の和田＝画家のように，1910年代半ば頃まで，多くの人々は広告制作を副業と捉えていた。その認識は，日本製版印刷会社の広告図案懸賞募集 (1915年) で一等となった北野恒富 (1880-1947) にも，次のように共有されている。

「広告画は純粋の絵画とちがい，時代の好尚人心の趣向に投じてなるべく衆人の注目をひくを主眼としておりますので，吾々が芸術家として自由に思索し努力してこれならばと思う作品が好まれず，個性を没却して甘い俗受けの方がかえって歓迎される傾向があります」（キリンビール編　1984：201）。

　ここでは「広告画」と「絵画」の区別が意識されているものの，描き手自体は区別されていない。広告は芸術家が普段と別の態度で描く対象であり，ここに広告制作を専業とする自覚はまだ誕生していないのだ。加えて重要なのは，この広告画における「サクラビール」という文字列が，北野の受賞後に加えられたことである。ここには現在自明視された広告の前提，つまり広告主が先にあり，その目的に合わせて制作するという順番がない。制作が広告主に先行するということは，北野たちが広告の目的とは強い関係を持たずに絵を描いていたことを意味する。つまり絵を描くことと，それを広告として利用することは，区別されていたのだ。当時の美人画＝絵看板において，描かれた女性と商品名とが絶対不可分な関係を持っていないのは，この区別のためである。

　こうした【形式】と【内容】の乖離は，江戸時代の引札にまで遡られよう。しかし1910年代半ばまでこの乖離が殆ど疑われなかった点こそ，広告制作が副業でしかなかったことを明らかにしている。広告の【形式】と【内容】の連関が強く自覚されていなかった1910年代半ばまで，〈広告制作者〉は専業として捉えられていなかったのである。

2－2　〈広告制作者〉の起源

　副業としての広告制作を【内容】と【形式】の乖離に見るならば，専業としての広告制作は【内容】と【形式】の共存において観察される。美術史では1920年代半ばに登場した「商業美術」を，杉浦非水（1876-1965）らの七人社の制作物から述べることが多い。しかし言説史を目指す本稿が重視するのは，【内容】と【形式】の共存を過剰に自覚しながら「商業美術家」の専業性を主張した濱田増治（1892-1938）ら商業美術家協会の活動である。その濱田による商業美術家とは，次の意味で広告制作を副業とする芸術家とは区別されなくてはならなかった。

「純正美術や工芸美術は，その作品を芸術的に作るということに苦心を払う

が,その態度は,それがどんな目的を達するとか,どんな結果を招来するかというような,最初からある期待や目的に対して心を遣うことはない。全く何等の計画もなしに製作し,唯如何にその作が人の感激を博し得るかを期待するばかりである。ところがこの第三の美術(引用者註:商業美術)では最初に目的を持って,それがあるものを伝達させるとか,或いはある効果を期待するとか,兎に角,その目的に向かって,これを十分貫徹するためにその製作は苦心され,その作品のいいも悪いも,どれ位迄,その目的に対して忠実に合理的に配慮されているかという,その意匠力に重点が置かれている」(濱田 1930:18-19)。

ここでは芸術家と商業美術家の区別が,「感激」と「目的」に対応して挿入されている。目的の獲得を目指す商業美術家は,感激の獲得を目指す芸術家とは異なるというわけだ。ここで重要なのは,その目的が無計画にではなく,事前に熟慮されている点である。つまりここでは,副業としての広告制作に見た【内容】と【形式】の乖離が否定されている。制作後に広告主が決定するという順番は逆転し,【内容】と【形式】の共存が事前に自覚されない限り,商業美術家とは呼べないのである。このような意味で,目的の認識こそが商業美術家の条件なのであった。

それではなぜ目的を認識することで,芸術家との区別が試みられたのか。ここで重要なのは,濱田が商業美術家を「大衆の友」と呼び,「あらゆる文明の形式を利用して最も多数者に話しかけようとする」者と捉えている点である(濱田 1930:4)。つまり商業美術家とは,最も多数者=大衆に語りかける存在である。そしてその大衆を誘う方法論が,【内容】と【形式】の共存を自覚する目的の認識なのである。したがって「目的」という認識から商業美術家と大衆が結ばれるように,「感激」を目指す芸術家にとっての対象が明らかにされなくてはならない。

「芸術を理解し得るものは選ばれた知識階級である。芸術を所有し得るものは選ばれたブルジョア階級である。作品の美を真に鑑賞し得るものは唯一人である。この作の真価は最高の鑑識者でなければ理解出来ない等々は,作家,美術者,これを必要とする階級悉くが同一の立場でその特権的優越感を保持せんとする欲望のあらわれであるに過ぎない。その処には大衆とか人世のためのものとかは,何等問題にされないのである」(濱田 1930:76)。

つまり芸術とは「選ばれた知識階級」，すなわち「ブルジョア」のものであり，「大衆」のものではない。なぜなら芸術は「特権的優越感」をもたらすからである。この特権的優越感こそ，先の「感激」の獲得に相当し，これによって芸術家とブルジョアが結ばれるのである。したがって大衆に準拠する商業美術家は，「反-ブルジョア」という論理によって支えられているのだと言えよう。[19]

したがって〈広告制作者〉の起源としての商業美術家は，次のようにまとめられる。〈広告制作者〉の起源は，広告における【内容】と【形式】の共存を自覚し始めた1920年代半ばに遡られる。そこでは大衆を動員するために，何が目的なのかを認識することが強調され，商業美術家の立場は反-ブルジョアという論理から説明された。こうした認識としての目的，論理としての反-ブルジョアこそ，商業美術家を成立させ，芸術家の副業とは明確に区別された，専業としての〈広告制作者〉を誕生させることになったのである。

冒頭に遡れば，現在の〈広告制作者〉は曖昧な存在なのであった。しかしここで〈広告制作者〉の起源を示したことにより，極めて明確な立場表明がされていたことが明らかになった。つまり〈広告制作者〉は，芸術家との明確な区別によって誕生していたのだ。〈広告制作者〉の歴史記述を無限に後退させないためには，この曖昧ではない起源としての商業美術家を忘却しないことがまずは重要である。

2－3 〈感性・センス〉の否定

それでは〈広告制作者〉という主体の曖昧さを充填する〈感性・センス〉は，商業美術家においていかに意味づけられていたのか。濱田はこれを「商業美術の美学」と呼び，その「美の単位」としての「瞬間」に注目する。ここでの瞬間とは，「動的」な近代社会における人々への「刺激」を第一とし，「無説明」であると同時に「大衆的」な美の単位のことである（濱田　1930：84-85）。つまり加速度的な近代社会で大衆を動員するためには，瞬間に照準した商業美術による刺激が説明なしに効くのかどうかが重要なのであって，芸術が前提する画家と鑑賞者の内密的な時間は問題外なのである。この点で商業美術の美学は，芸術の美学的啓蒙とは区別される。したがって瞬間に照準する商業美術家の態度も，芸術家とは次のように区別される。

「商業美術では，たとえば新聞広告の場合の一個の図模様は，…（中略）…，

全体の広告面の形成中,どんな効果を引き起こし,或いはどんな関係を招来するかということを予め究めなければならない。何故にその処に線を引くか,それは文字を目立しめるためであるか,或いは注意を誘導するためであるか,そこでは決して偶然な気持や,偶然の感じ,単に一寸『やってやれ』というような心持ちで線を引いてはならないのである。すべてそういう偶然の感じというものは機械観の中では排斥される。即ち商業美術は全く工学的な気持ちで作図されなければならないのである」(濱田 1930:86)。

商業美術家に重要なのは,「効果」の有無である。それを予測し,大衆の「注意」を誘うよう努力するのであり,「やってやれ」などと無目的で「偶然の感じ」な制作は否定されなくてはならない。これは先の【内容】と【形式】の乖離の否定に対応する点であり,商業美術家の固有性はこうした「工学的」態度にこそある。したがって芸術家との区別は,次のようにも明確にされる。

「純美術の場合では,作者の感激をかけて作品が創出されるものであり,この作品は観衆の鑑賞力によって,観衆の感激にまで達せられるのである。そして観衆はその感激,即ち作品の美を透かして,作者の感じた対象の美を感得し,対象と作者との間に創り出された芸術的価値というものを感嘆するのである。 ところが,商業美術の場合では,作者は最初から無対象である。作者は目的に対して,作者自身の技術をかける。その目的を如何にすれば十分な効果として収め得られるかというために,観衆の感激を起こすに足るべき価値を先ず創造しようとする。即ち目的を感激化すべく努力するのである」(濱田 1930:82)。

ここで「純美術」は,芸術家の「感激」と鑑賞者＝ブルジョアの「感激」とが対になって「芸術的価値」に辿り着くと捉えられている。しかし「商業美術」は,商業美術家の「技術」と鑑賞者＝大衆の「感激」とが対になって「十分な効果」に辿り着くと捉えられている。つまり芸術家はブルジョアとの価値共有を前提としているので,制作では「感激」が前面に出なくてはならない。一方の商業美術家は大衆との価値共有とは関係なしに「効果」を挙げる必要から,制作ではそのための「技術」を追求しなくてはならないのである。

このことは〈広告制作者〉たる商業美術家が,芸術によって人々の啓蒙を目指

す美学を断念していることとして理解しなくてはならない。なぜなら瞬間に照準して，無説明を肯定する商業美術の美学とは，長期に人々の啓蒙を試みる美学とは異なり，瞬時に大衆を動員する心理学の肯定と言えるからである。つまり〈広告制作者〉にとって，人々とは啓蒙の対象ではなく，人称性なき刺激の対象でしかない。だからこそ，工学的な態度を肯定するのだ。したがって「大衆の友」であるはずの商業美術家は，結局のところ刺激によって大衆を特定の方向へと動員する心理学－工学者なのである。[20]

ここまでを踏まえ，「感激」を〈広告制作者〉における〈感性・センス〉として捉えてみよう。〈感性・センス〉としての感激は芸術家においては肯定されたが，商業美術家においては否定されていた。そして商業美術家は，「目的」という認識と「反-ブルジョア」という論理によって，その主体を芸術家から明確に区別していた。つまり芸術家とは区別される〈広告制作者〉＝商業美術家にとって，独自の〈感性・センス〉を主張する視座は1920年代半ばにはまだ登場していなかったのである。

冒頭に戻れば，〈感性・センス〉という言説は，〈広告制作者〉という主体が曖昧だからこそ充填されていくものであった。しかし1920年代半ばの商業美術家という〈広告制作者〉は，自らを芸術家とは区別する認識と論理を持って誕生した。そしてこの明確な主体にとって，〈感性・センス〉は曖昧さの埋め合わせどころか，否定すべき言説だったのである。私たちはこの起源を見落としていたことにより，芸術家との差異を見極めることなく，〈広告制作者〉においても〈感性・センス〉を語るようになってしまったのである。

3．「商業美術家」の言説空間

3－1　同業他者の内と外

さて，ここまでに確認した〈広告制作者〉の起源たる商業美術家は，濱田一人に還元できる主張なのか。目的という認識，反-ブルジョアという論理，〈感性・センス〉の否定などは，同時代の言説空間ではいかなる位置にあったのか。次にここまでの議論を，当時の文脈に置き直していこう。

まず前提すべきは，なぜこの時期にこうした主張が登場したのかである。濱田によれば，「当時迄に於いては，商業図案にしろ，商業美術にして名称はとに角，自分がその専門家であるという誇負を示す気概さへ無いものが多かった」ようで

あり、「人々は職業図案というものを蔑視する。其処には自己のない枉げられた職業がある」(濱田　1930：6) 状態であった。つまり広告制作が、二流扱いされるのは問題である。だからこそ芸術家に従属しない主体の在り方が、探されなくてはならない。商業美術家は、こうした問題意識から産まれたのである。

　しかし人々が、商業美術家を素直に受け止めたのではない。例えば濱田は、純正美術の商売人と理解されたこと、利潤追求の商業が利潤不問の美術を利用するのは奇妙だとされたこと、横山大観と同等の承認を求めるのかと誤解されたこと等を挙げている (濱田　1930：9-10)。また濱田を認めつつも、あえて「広告美術家」を名乗る者もいたし (山名　1932)、なかには「純粋美術の純粋とはそれ自身が商品であるということにおける純粋なのである。商業美術が商品のための美術であるのと本質的に異なるものでは決してない」(三浦　1937) とまで反論する者もいた。二流であれ美学的啓蒙を信じる者にとって、芸術家との過剰な差異化には反対せざるを得なかったのだ。こうした同業他者の内からすれば、濱田は描き手ではなく、理論家だったと言えよう。

　また商業美術家は、それが言語的な主張であるがゆえに、ジャーナリズムやアカデミズムと連帯した。雑誌『廣告界』(1926-1941) は創刊時から「商業美術と広告指導」を掲げ、人的な連携を図り、誌面で商業美術家協会を支えた (室田 1970)。また濱田らが編集委員の『現代商業美術全集』(1928-1930, 全24巻) には、粟屋義純・井関一二郎・佐々木十九・中川静ら広告心理学者の執筆が並んだ。大衆の刺激に照準する商業美術家にとって重要なのは、美学の啓蒙論者ではなく、科学的に効果を導く心理学の動員論者なのだ。主張としての商業美術家は、こうした同業他者を越えた心理学の連帯において鍛え上げられたのである。

　つまり商業美術家は、同業他者の内では反発の対象にもなったが、同業他者を越えて説得力を持つ主張でもあった。その内外の差異を端的にいえば、美学的啓蒙との向き合い方である。商業美術家に近しい者は、美学的啓蒙よりも心理学的動員を優先した。商業美術家に違和を唱える者は、美学的啓蒙から脱しきれなかった。〈広告制作者〉の起源を見極める本稿が重視するのは、この差異である。つまり美学的啓蒙の断念が観察されなければ、広告制作を副業とする芸術家との区別は曖昧になり、〈広告制作者〉の起源は無限に後退する。したがって芸術家にはない心理学の知に依拠して主体を構想した点こそ、商業美術家の固有性である。芸術家に従属しない主体の主張は、こうして可能になった。本稿が商業美術家を〈広告制作者〉の起源と呼ぶのは、この理由からである。

3－2　美学の断念と心理学の肯定

　それでは商業美術家を〈広告制作者〉の起源たらしめる，美学の断念と心理学の肯定は，具体的にはいかなる言説空間を編成したのか。まず〈感性・センス〉としての「感激」を否定する「商業美術の美学」では，同時代の建築家コルビュジェ (1887-1965) との連関が指摘できる。「一つの家屋は一つの住むための機械である」と考えるコルビュジェにとって，「建築家」と「工学技師」は区別されるべきであり，自然の法則から「計算」した「調和」こそ，「工学技師的な美学」として存在しなくてはならない (Corbusier 1924 = 1967：28)。この唐突にも思える連関は，制作対象を「機械」と捉える視座によって次のように共有されている。

　　「商業美術は一個の機械形態として創造せられなければならぬものである。もしそれが，その法則が一歩でも誤られる時に於いては，すべてが効用の破綻を招来する。　ル・コルビュジェは家屋を目して「住むための機械としての建築」といった。我々は商業美術を目して，「目的の機械としての芸術」という観念を持たねばならない。　作家は冷静を要求する。作家は旧純正美術家の様に自ら興奮してはならない。あくまでも冷静に緻密な技師の立場を守らなければならないのである」(濱田 1930：85)。

　建築が「住むための機械」であれば，商業美術は「目的の機械」である。その機械としての商業美術は，破綻を回避する為「効用」を優先しなくてはならない。したがって商業美術家は，芸術家のように「興奮」してはならず，「技師」として「冷静」であるべきなのだ。この連関を踏まえれば，〈感性・センス〉を否定する〈広告制作者〉としての商業美術の美学を，濱田だけに帰責できない。それはむしろ，制作対象を「機械」として把握する同時代的な言説の効果なのである。

　また美学の断念は，先述の通り，心理学の肯定と深い関係にある。ポスターが登場した 1920 年代初頭，美人画＝絵看板を支えていた美学の秩序は，心理学の台頭によって揺さぶられた。例えば「大戦ポスター展」(1921 年，朝日新聞社主催) では，「日本の広告，成る程美人画が多い。呉服屋も飲食物も汽船会社も悉く千篇一律な，美人利用一手販売である。…（中略）…。あまりに遊戯的分子が豊富である。冗漫である。あくどい。厭みだ」(齊藤 1921：101) と東京美術学校講師に言われる程，美人画＝絵看板を支える美学の秩序は否定される。そこでポスターを支える新しい知として登場したのが，「刺激」に照準する心理学である。

「次々に貼り出されるポスターは，一々，以前のものにも増して，あらゆる技巧を用いて，最も有効なモーメントの創造，逃げ去り易い機会の捕捉，最も直接的な必要の絶叫，激情的な興奮の刺激，疲労と混乱の為に忘れがちになっているエピソードの復活等に巧妙を極めなければならなくなっているのであります」（菅原　1921：37-38）。

ここでの「以前のもの」とは，美人画＝絵看板のことである。それに対して，ポスターには「モーメント」を作り出し，人々を「捕捉」すると同時に「刺激」することが期待されている。こうした刺激－反応モデルは，米国経由の「広告心理学」（井関 1923）（佐々木 1924）として，1920年代の日本の実学を支えた言説である[23]。要するに，大衆動員の為に「刺激」を第一とする「瞬間」という単位を設定し，啓蒙ではなく工学を自認する「商業美術家」という主張は，ここまでの意味において濱田に帰責できるものではない。目的という認識からも明らかなように，商業美術家とは，刺激に照準し始めた同時代の心理学的な言説の効果なのである。新しい知たる心理学の肯定なくして，美学の断念，つまり商業美術の美学は語り得なかったのである。

3－3　マルクス主義への関心とその不徹底

それでは，「反－ブルジョア」の論理はどうか。ブルジョアと大衆を区別する濱田に，マルクス主義の階級闘争への関心を読み取ることは難しくない。しかしこれが商業美術家という資本主義を肯定する立場といかにして両立したのか，またそれが何を意味したのかは慎重に見極めなくてはならない。マルクス主義と資本主義の微妙な関係を，濱田は「商業美術の階級性」として次のように述べる。

「商業美術は勿論資本主義的商業の手段として導き出された。しかしこれは，今日の労働形式，今日の機械が導き出されたと同様であってそれが同時に資本主義を代表するものとは言われない。資本主義の不合理はその搾取の形式にある。労働及び機械の能率は，資本家の搾取に役立つものであるけれども，能率ということはその事は，資本家というものから離れても，それは社会の生産的形式の一つの新しい価値である。これは，かりに全プロレタリアの社会がきても，丁度，機械と労働を全然無くしてしまうことは出来ないように，能率ということは捨てられないであろう」（濱田　1930：90）。

ここでは「能率」と「搾取」が区別されている。これにより商業美術を能率向上の合理性として捉え，商業美術が資本主義の「不合理」たる搾取への加担だと理解されることへの回避を試みているのだ。商業美術家を主張する濱田は，搾取から成立する支配層＝ブルジョアをマルクス主義的に批判しつつも，自らは資本主義そのものを否定できないという，やや説明に窮する曖昧な立場にあったのである。

　この二重の態度も，当時のマルクス主義の展開を踏まえると，濱田には限定できない。1920 年代半ばに強い求心力をもった福本和夫 (1894-1983) の「福本イズム」は，この二重の態度の典型であった。その福本イズムとは，革命的プロレタリアートという主体の契機をマルクス主義に導入することによって理論闘争を試み (柄谷　1997：32)，その論戦の「欠陥にもかかわらず，マルクス主義を経済だけでなく，政治と文化をも包括する統一的体系としてしめし，現実の変革と文化意識の内的つながりをおしえた」(竹内　1965：31) と評価される立場のことである[24]。

　本稿がここで福本イズムを持ち出すことに，唐突な印象を持つかもしれない。しかしそれでも取り上げるのは，福本イズムがマルクス主義という国外の思想を正統化する一方で，それを語る国内の伝達者＝指導者の実体化を帰結した点に注目するからである[25]。つまりここには，他者の思想に依拠して現状の支配層を批判しつつも，自らへの批判は曖昧にするという二重の態度がある。そしてこれこそ，日本でマルクス主義を貫徹することの困難だった。したがって濱田における二重の態度（マルクス主義的な批判を展開しつつも，自身への批判は曖昧にすること）も，彼自身の問題というよりも，日本におけるマルクス主義の貫徹困難性の一つであったと言えよう。

　濱田が福本イズムを信奉したと言いたいのではない。資本主義を否定できない濱田は，自身への批判の曖昧さゆえに，マルクス主義の徹底できなさを反復してしまった。その補助線が，福本イズムなのである。そしてこれにより，「反-ブルジョア」として「大衆」に介入していく濱田の論法を，彼自身に帰責しないで理解可能となる。ここで重要なのは商業美術家を同時代の言説として見極めることであり，商業美術家に内在した論理構成がその外部にも観察されるのなら，両者をまたぐ言説の連関を追尾しておくことである。そのため以下では，商業美術家と福本イズムに観察される「転向」の機制について述べよう。

3-4　転向の主体

　まず福本イズムとは，第一に「分離・結合」を，第二に「理論闘争」を柱として，日本共産党の方向転換に取り組んだ主張である。その特徴である弁証法とは，マルクス主義の学習と解釈を巡る理論闘争を中心とした前衛政党を結成の上，大衆政党としての運動へと向かう"結合のための分離"という形をとった（福本 1925＝1965：74）。つまりこれは大衆に内在しつつも，自らは大衆から超越する態度であり，この大衆に準拠した福本の主体理論に藤田省三は「転向」の機制を見ている。

　　「状況の中に喰い込んで，状況全体を目的意識的に変えてゆくためには，…（中略）…，状況と変革主体との関係を，できるだけ正確に法則的に把えて，それによって主体的な原則をつくり，原則によって状況に働きかけねばならない，と考えるのである。いわば，運動自体を法則化しようとするのだ。そうして運動の法則は，「客観世界」の法則と対応して弁証法の定式に適合していなければならない。この努力を行うときに，転向が生ずるのである。無法則の運動から法則的運動へと法則的に転化しようとする能動的な行動が，それなのである」（藤田　1959：34）。

　ここでの「状況」とは，大衆を意味する。つまり大衆としての状況は，「目的」を持った「主体」として介入することで変わるのであり，こうした「能動的行動」自体が「法則」だというのだ。重要なのはこの「転向」という主体の在り方が，大衆に準拠する限りで意味内容を問わない方法論的な立場となっており，それ自身の法則化が主張されている点である。つまり転向の機制とは，内容の代替可能性を肯定する形式主義的な主体の実体化である。そしてこの転向は，能動的な主体が大衆のために目的をもって介入するという理由において，いかなる意味内容をも認可してしまう。ゆえに転向そのものへの批判は困難となり，その形式主義の論理的徹底は，いかなる意味内容に対しても遂行性を開くことになる。

　商業美術家を〈広告制作者〉の起源とする本稿にとって重要なのは，福本イズムに孕まれていた「転向」という形式主義的な主体とその実体化であり，これが濱田の論理構成にも観察されることである。ここで商業美術家が反-ブルジョアとして「大衆の友」を語りながら，大衆を「刺激」する工学者＝方法論的立場であったこと，そして認識としての「目的」が強調されたことを思い出したい。

商業美術家の「目的」という認識は，広告を制作する上での【内容】と【形式】の事前的な自覚であった。そしてこれは，広告の【形式】が【内容】から乖離してしまうことを回避するための方策であった。つまり広告の【形式】にしか参与できない方法論的立場をなんとか説得的に共存させるために，【内容】との連関の自覚を強調したのが，目的を認識する者としての商業美術家である。しかし商業美術家はいかに【形式】との連関を自覚しても，結局は【内容】の代替可能性を肯定しなくてはならない。なぜならより多くの大衆を導くために，より最適な【内容】を選択し続けなくてはならないからである。その意味において，これは先の転向の機制，つまり形式主義的な主体の遂行性と同じ論理構成である。より多くの大衆を動員する「目的」のためになら，内容の代替可能性を肯定する，形式主義の立場である。そしてこの転向の機制を孕む商業美術家は，その立場の法則化を次のように試みる。

　　「商業美術は最初商業上の目的のために美術を利用するという動機にはじまり，つづいて商業のために美術手段と云わず，何と云わず，あらゆる必要なる手段はその商業の目的のために尽くすという概念となり，その目的を知るに於いて，目的を生かせるということは一つの藝術であるという，ここに別個の今まで考えもしなかった芸術の観念を想到するに至ったものである」（濱田　1930：17）。

　ここでは「目的」としての「商業美術」から，「目的を生かせるということ」の結果が「芸術」になるという，論理の逆転が主張されている。"認識としての目的"から"達成されるべき目的"へと，目的自体の法則化が試みられているのだ。つまり大衆に準拠した商業美術家は，そのマルクス主義的な論理構成ゆえに，形式主義の自己実体化をも呼び込んだのである。これを当時のマルクス主義の展開として見れば，福本イズムと大きく異なるものではない。
　しかし本稿は，商業美術家と福本イズムの直接的な連関の指摘は目指さない。むしろ重要なのは，強い言及関係がないにもかかわらず，似た展開をしたことの意味である。そこで本稿が指摘すべきは，商業美術家と福本イズムは，その主体を立ち上げるために「大衆」という準拠点を確保したことである。またそれゆえに，両者は「転向」の機制をも共有した。そしてこうした態度こそ，その徹底できなさも含め，1920年代半ばにおける日本のマルクス主義の展開だったのである。

3−5 知の制度化とインターナショナリズム

さて国外の建築家への言及，美学の断念と心理学の肯定，マルクス主義への関心とその不徹底を，商業美術家との関係でいかに捉えるべきなのか。そこで重要なのが，1920年代の知的背景たる，知の制度化とインターナショナリズムである。

先の藤田によれば，第一次世界大戦を契機に教育機関が急激に増加して「インテリゲンチャ」が大量に生まれた。そしてこの新しい知識人は，「哲学叢書」「文学叢書」等の円本から「正統」な西洋思想を「学習」し，その過程で「伝達者」や「文化日本の指導者」になったという（藤田 1959：37）。また池田浩士によれば，マルクス主義は「世界性」や「普遍性」を各地に育ませた。それはロシア革命の成功によるものが大きく，マルクス主義によって人々はインターナショナルに覚醒し，ローカルにその普遍性を展開し，多くの軋みが生まれた。こうした1920年代こそ，「・文・化・は・政・治・の・問・題・と・な・り，・政・治・は・文・化・の・問・題・と・な・っ・た」のである（池田 1980：7）。つまり1920年代における知の制度化は，インターナショナルな連帯に支えられる新しい知識人を産み出したのだ。この知的背景を踏まえなければ，商業美術家において，国外の建築家への言及，アメリカの広告心理学の肯定，転向を孕むマルクス主義までが参照された事態を，理解することができない。

それでは，いかに理解するのか。ここではイデオロギー反映論と，言説史が想定できる。前者なら，上述の知的背景を説明要因にして，商業美術家が社会的に拘束された主張だと理解する。この場合，知への問いが主体に先行する。後者なら，知的背景を踏まえつつ，商業美術家という主張のために様々な知が言語的資源として偶発的に利用されたと理解する。この場合は，主体への問いが知に先行する。本稿は言説史的理解，つまり〈広告制作者〉という固有性への問いが，一つの言説運動体となって，偶発的に国外の知と出会い，それが一定の厚みをもって商業美術家という主張となったと理解する。なぜなら〈広告制作者〉の起源たる商業美術家にとって重要なのは，まずもって芸術家に従属しない主体を探求することだったからである。だからこそ芸術家の美学的啓蒙とは異なる心理学的動員が肯定されたのであり，ブルジョアを批判して大衆の友を語ることができたのだ。そしてこれが心理学者やマルクス主義者として濱田を理解することとは，意味が異なることが重要なのである。商業美術家は，主体への問いが知に先行する。ゆえに目的の認識や反‐ブルジョアの論理は，〈広告制作者〉への追求として導かれた。その意味で，本稿は言説史なのである。

東京美術学校へ進学し，「ジャーナリスト」を名乗る時もあった濱田による商

業美術家を，心理学やマルクス主義の俗流化と一蹴することは容易い。しかし重要なのは，この俗流化がいかに遂行されたのかを，当時の言説空間において捉えることである。確かに濱田の商業美術家は，先に指摘した意味において，〈広告制作者〉の起源である。しかしそれ自体は彼自身だけでなく，上述の知的背景が言語的資源として活用される言説空間においてこそ可能だったのだ。その意味において，〈広告制作者〉の起源は，「商業美術家」という言説の誕生において捉えられるべきなのである。

4．結論と今後の展望

まとめよう。〈広告制作者〉の起源としての商業美術家は，芸術家との区別によって誕生した明確な主体であった。そして商業美術家という〈広告制作者〉にとって，〈感性・センス〉は主体の曖昧さの埋め合わせどころか，否定すべき言説であった。こうした〈広告制作者〉としての明確さと〈感性・センス〉の否定は，国外の建築家，美学の断念と心理学の肯定，マルクス主義への関心と不徹底などと論理構成を同じくする言説であった。つまり〈広告制作者〉の起源とは，商業美術家を主張した濱田だけでなく，知が大衆化した1920年代の言説の展開において捉えられるのである。これらは冒頭の二つの問い——〈広告制作者〉の起源の忘却に抗い，一つの起源を示すこと。〈感性・センス〉という言説による，〈広告制作者〉の「捉えにくさ」の歴史性を明らかにすること。——への応答になると言えよう。そこで最後に，本稿から導かれる意味と今後の方策を示す。

まず本稿の議論を，芸術と広告の差異の提出に過ぎないと短絡してはならない。この差異が無意味なのは，両者を「制作物」と前提するからであり，その場合の差異は，表象にのみ縮減される。芸術と広告の差異が重要な意味を持つのは，これらを「主体」において捉える場合である。例えば「美学の断念と心理学の肯定」という知見は，啓蒙の諦念と工学化という意味で，主体の在り方をめぐる知の断絶を示している。そしてこの心理学-工学的な知は，〈広告制作者〉に典型されるように，【内容】の代替可能性を認めつつ，【形式】ではどんな他者とも協働可能な方法論的立場の発見だったのである。さらにこうした方法論的立場の形式主義こそ，知が大衆化した1920年代に発明されたのだ。本稿が芸術と広告の差異を強調するのは，このような形式主義という主体の発明に意味を求めるからである。

これを踏まえれば，商業美術家に後続する〈広告制作者〉として「報道技

術者」が戦争に加担した際に，悪い意味での「転向」として問題にされなかった
ことが理解できる。これは新聞記者，小説家，芸術家と大きく異なる点である。
この差異は，〈広告制作者〉の起源たる商業美術家が，大衆に準拠した転向の機
制を主体に孕んでいたという点から説明できよう。つまり〈広告制作者〉が転向
の主体として成立した以上，いかなる立場変更もその論理的徹底でしかなく，主
体そのものは揺らがない。したがって芸術と広告の差異を主体において観察し，
商業美術家から形式主義という方法論的立場の誕生を析出した本稿は，〈広告制
作者〉を状況可変的な主体として捉えていく視座を提出したと言えよう。

　これは冒頭に述べた〈広告制作者〉という主体の曖昧さと対応する。本稿は言
説分析によって，起源としての〈広告制作者〉は曖昧ではなく，それを充塡する
はずの〈感性・センス〉は否定されていたことを明らかにした。しかしこれと同
時に「商業美術家」の主張としての明確さが，自らの主体を転向させていく形式
主義的な機制をも内包していたことを明らかにした。つまり〈広告制作者〉の起
源とは，商業美術家以後の主体を曖昧にさせていく方法論的立場の誕生でもあっ
たのだ。したがって今後考察されるべきは，「報道技術者」「アートディレクター」
「クリエイター」…など〈広告制作者〉の明確さがいかに曖昧になっていくのか
であり，否定されていたはずの〈感性・センス〉が〈広告制作者〉の曖昧さをど
のように埋め合わせていくのかを言説史として丁寧に示すことである。

注
（1）　例えば，古代の楔形文字を刻んだ日干し煉瓦も「広告らしきもの」である（清
水　1989：22）。
（2）　だからこそ『広告の誕生』（北田　2000）は書かれた。広告研究やデザイン研究
では，その成果が十分に活かされていない。資料の政治学とは別に，物語の政治学
としても「広告」の歴史は書かれるべきである。
（3）　『広告』（八巻　2005）など。しかし広告史は，未だ明確な姿を持たない。あえ
ていえば，広告史は文学史と同様には達成できないという，失敗においてこそ示さ
れる。したがって文芸批評的に試みられる広告批評の多くは，前者による後者の言
語的な馴致，もしくは失敗の隠蔽である。
（4）　〈広告制作者〉とは，主体に関する理念的なカテゴリーである。その判断基準は，
当事者による専業的な自覚である。本稿はこれに基づき，構築主義の視座から〈広
告制作者〉の把握を行う。
（5）　近代日本の広告人の先行研究は（山本・津金澤　1992），人物史的である点で
本稿とは関心が異なる。
（6）　広告研究（清水　1989）も，美術史研究（中井　1991）も，〈広告制作者〉とい

う主体を自明視する点では共通する。
（7） 近接の先行研究（八巻ほか 1984）も，インタビューを収斂させた産業的提案である点で本稿の関心とは異なる。
（8） 「作者の死」（Barthes 1968＝1979）とは，作者の特権性に対する異議申し立てであった。しかしこれは，テクストの自律性を前提にする記号論的分析の免罪符に過ぎなかったとも言える。作者は無視されただけなのだ。
（9） 【内容】と【形式】という区別は，マクルーハンがネオンを例に説明したように，メディアには【内容】と【形式】の二階層が存在し，【内容】の伝達とは強い関係がないままに，【形式】が自律的に伝達の対象となるとした，相対的な区別を意味する。その理論社会学的な含意は（北田 2004）を参照。
（10） 本稿は，広告人が「広告主，広告代理業の関係者，広告制作者，広告媒体の関係者，および広告についての啓蒙家，研究者，評論家」（山本・津金澤 1992：319）と定義される中の広告制作者，具体的には印刷系に限定する。その利点は他より歴史が長く，制度化以前の初発の問題意識から考察できる点にある。したがって，専業的な自覚が遅れたコピーライターやCM制作者，広報担当や営業他は扱わない。
（11） 広告における〈感性・センス〉は，送り手の職業能力としての言及と，受け手の受容能力としての言及（「感性に訴える広告」等）に区別できる。本稿の主眼は前者で，具体的には「広告制作者を目ざす人が持っている誤解の一つは，アイデアは感性が勝負だということです」（関沢 1997：108），「生まれながら持ち合わせた人間のセンスや感性は人それぞれである。天賦の才能を持ってこない限り，それらの感性は努力によって磨かなくてはならないものだ。そして，それはクリエイターを志す者には必須の重要なテーマとなる」（大内 2003：32）等の語りである。
（12） 本稿の関心は言説としての〈感性・センス〉であり，その内容が何であれ，それが流通することどんな社会的現実が観察されるかである。したがって，感性・センス自体を問う美学とは関心が異なる。
（13） 社会心理学の言説分析（Burr 1995＝1997）や批判的言説分析（Fairclough 2003）は「誰が語るのか」に注目するが，本稿は「誰が語っても，似たような語りになるのはなぜか」に注目する言説の歴史社会学（赤川 2006）に依拠する。これにより直接言及に限らず，論理的な言及可能性を含めた記述を行う。
（14） 筆者は複数の教育現場でヒヤリングを試み，当事者ですら正確に定義できない言葉が反復的に流通する状況（Becker 1982）を踏まえ，参与観察ではなく，言説史を選択した。
（15） 「応募作品三一四点の中からまず専門家により一五六点の作品が選ばれ，次に広告のイラストと関係の深い大阪市内の大会社，大商店の重役，店主，支配人，有力新聞社の社員で賞を決定した。…（中略）…。早速この一等作品の美人画にはスポンサーとしてサクラビールがつき，サクラは七万枚の大量発注を行った」（キリンビール編 1984：200）。
（16） 「商業美術」の初出当時（1915年），明確な定義はなかった（田島 2001）。
（17） 1926年に東京で設立。『廣告界』での会員動静や展覧会報告，『商業美術全集』の刊行等，各地に商業美術家協会の発足を促した啓蒙団体。商業美術家協会は〈広

告制作者〉としての自覚を訴え，その全国的結合を求めた点で，他の団体とは区別される。
(18) 杉浦らには「広告画家」「広告芸術家」「商業芸術家」他の言葉が散見された（山名 1976：61）。対して，濱田らは「商業美術家」で一貫。本稿は商業美術の美術史的起源を杉浦らに認めつつ，商業美術家という専業的自覚の言説史的起源は濱田らに認める。この差異を明確にしたのが，本稿が分析する「商業美術総論」（濱田 1930）である。
(19) 後述の通り，「反-ブルジョア」は資本主義の否定を意味しない（濱田 1930：89-90）。これは商業美術家の選択対象に過ぎない。
(20) しかし濱田の目的は美学的啓蒙の排斥ではなく，訴求性なき広告制作の改善である（濱田 1926）。
(21) 『DEZEGNO』(1936-1939，全10冊）には，「商業美術とは何か」（第1号），「商業美術とは何か――に答える」（第2号），「商業美術への抗議」（第3号），「商業美術への抗議への抗議」（第4号）他が掲載された。これについては多摩美術大学の伊藤憲夫氏にご協力を頂いた。
(22) （加島　2006）を参照。
(23) 広告心理学は，1920年代に登場（山本・津金澤　1992：306-316）。しかし広告と心理学の関係は，自明でない。19世紀末米国で，「心理学者たちは広告が知的領域に入ってくることを快く思っていなかったし，広告実務家たちも科学的広告に関心を示さなかった」（小林　2000：38）。
(24) 絵画や文学では，福本イズムの同時代的影響の研究がある（小島　2005：298-392）。
(25) 福本イズムは，マルクス主義の「エピゴーネンの間に階層があって，エピゴーネンが同時に下に向っては指導者であり，その点で自己を実体化」（藤田　1959：41）した点において自己矛盾であった。
(26) 「われわれは，上来研究しきったごとく，今や，はじめて，結合――全国的一大政党樹立の必然に当面している。この形成が二段の決定を導く。　第一に――それにもかかわらず，いな，それだから，われわれはまずマルクス的な要素を「分離」し，結晶しなければならぬ。　第二に――この原則を戦いとるがための闘争は当分理論的闘争の範囲に制限せられざるをえぬであろう」（福本　1925＝1965：74）。
(27) 佐野学と鍋山貞親らの転向宣言（1933年）は，福本イズムとは意味内容が異なっても，形式主義的な論理の貫徹であった。
(28) （難波　1998）（井上　2000）を参照。
(29) （加島　2005）（加島　2007）を参照。

参考文献
赤川学（2006）『構築主義を再構築する』勁草書房
Barthes, R. (1968＝1979)（花輪光訳「作者の死」『物語の構造分析』みすず書房）
Becker, H. (1982) *Art Worlds*, University of California Press.
Burr, V. (1995＝1997)（田中一彦訳『社会構築主義への招待』川島書店）

Corbusier, L. (1924＝1967)(吉阪隆正訳『建築をめざして』鹿島出版会)
Fairclough, N. (2003) *Analysing Discourse*, Routledge.
福本和夫(1925＝1965)「「方向転換」はいかなる諸過程をとるか，われわれはいまそれのいかなる過程を過程しつつあるか」『現代日本思想大系 マルキシズムⅡ』第21巻 筑摩書房
濱田増治(1926)「商業美術家協会展第一回一巡記」『広告界』10月号 商店界社
濱田増治(1930)「商業美術総論」『現代商業美術全集 24』アルス
本田由紀(2005)『多元化する「能力」と日本社会』NTT出版
藤田省三(1959)「昭和八年を中心とする転向の状況」思想の科学研究会編『共同研究 転向 上』平凡社
池田浩士(1980)『闇の文化史』駸々堂
井上祐子(2000)「太平洋戦争下の報道技術者」『立命館大学人文科学研究所紀要』(第75号)
井関十二郎(1923)『広告心理学』文雅堂
柄谷行人(1988)『日本近代文学の起源』講談社文芸文庫
柄谷行人(1997)『近代日本の批評Ⅰ』講談社文芸文庫
加島卓(2005)「〈感性〉の誕生」『d/sign』第11号 太田出版
加島卓(2006)「「刺戟」と「単化」の大戦ポスター」『graphic/design』(第2号)左右社
加島卓(2007)「反-模倣としての個性」『東京大学大学院情報学環紀要』(第72号)
河崎吉紀(2006)『制度化される新聞記者』柏書房
キリンビール編(1984)『ビールと日本人』三省堂
北田暁大(2000)『広告の誕生』岩波書店
北田暁大(2002)『広告都市・東京』廣済堂ライブラリー
北田暁大(2004)「観察者としての受け手」『〈意味〉への抗い』せりか書房
小林保彦(2000)『アメリカ広告科学運動』日本経済新聞社
小島亮編(2005)『福本和夫の思想』こぶし書房
三浦和美(1937)「商業美術への講義」『DEZEGNO』第3号 多摩帝国美術学校図案科会
室田庫造(1970)「『広告界』創刊前後とパリの日本商業美術展」『日本デザイン小史』ダヴィッド社
中井幸一(1991)『日本広告表現技術史』玄光社
難波功士(1998)『撃ちてし止まむ』講談社選書メチエ
大内エキオ(2003)『デジタル時代のクリエイターに求められる条件』すばる舎
齊藤佳三(1921)「ポスター展覧会印象記」『大戦ポスター集』朝日新聞社
佐々木十九訳(1924)『スコット広告心理学』透泉閣書房
関沢英彦(1997)「コンセプトワークを考える」広告批評編『広告大入門』マドラ出版
清水公一(1989)『広告の理論と戦略』創成社
菅原教造(1921)「刺激としてのポスター」『大戦ポスター集』朝日新聞社
田島奈都子(2001)「『現代商業美術全集』復刻に寄せて」『現代商業美術全集 別巻』(復刻版) ゆまに書房

竹内良和（1965）「日本のマルクス主義」『現代日本思想大系　マルキシズムⅡ』第21巻　筑摩書房
八巻俊雄ほか（1984）「クリエイティブ・ワークの理論的・実証的研究」『広告科学』第10集　日本広告学会
八巻俊雄（2005）『広告』法政大学出版局
山本武利（1990）『新聞記者の誕生』新曜社
山本武利・津金澤聰廣（1992）『日本の広告』世界思想社
山名文夫（1932）「勤務図案家も一事務員か」『広告界』10月号　商店界社
山名文夫（1976）『体験的デザイン史』ダヴィッド社
吉見俊哉編（2002）『一九三〇年代のメディアと身体』青弓社

「音楽メディア」としての FM の生成®
——初期 FM にみるメディアの役割の変容

溝 尻 真 也

(東京大学大学院生)

1．本論の目的

　1969 年の本放送開始以来，FM は送り手・受け手の双方に「音楽メディア」として位置づけられてきた。もちろん現在は「地域メディア」や「市民メディア」としてのコミュニティ FM 局なども相次いで開局しており，FM に期待・付与される役割も多様化してきているのは間違いない。しかし現在でも「FM＝音楽メディア」という役割認識は，依然として強固であるといえる。たとえば 2006 年に実施されたラジオに関する世論調査では，FM 放送局を「最も好きなラジオ放送局」とした回答者のうち，実に 57％がその理由を「好きな音楽がかかるから」と答えている。これは同じ理由で「AM が好き」と回答した回答者（21％）に較べて極めて多い数字である[1]。多くの「FM 好き」にとって，FM とは第一に「音楽メディア」なのである[2]。

　報道・娯楽等様々なニーズに応える「総合的な情報伝達のメディア」としての役割を担ってきたテレビや AM に較べて，「音楽の伝達」という極めて特化された役割を担ってきた FM は，マスメディアの中でも独特の位置づけがなされてきたメディアであるといえるだろう。本論は，こうした「音楽メディア」という FM に対する独特の役割期待が，どのような歴史的過程を経て形成されてきたのかを明らかにすることを目的とするものである。

　AM については，黎明期における可能的様態の中から今日的なメディアの形態が生成されていく過程を明らかにする，いわゆる「メディア史」の文脈において，

これまでにも様々な角度から研究がなされてきた。たとえば吉見俊哉は、電話や蓄音機と並んでAMを「声を流通させ、消費するための」複製技術として位置づけつつ、1920年代における「文化の変容を、文化それ自身の身体技術論的な変容として」論じた[3]。メディア史において、AMは「声のメディア」の一つとして位置づけられてきたのである[4]。では、メディア史の文脈においてほとんど語られることのなかった[5]黎明期のFMの位置づけとは、前述のようなAMの位置づけといかなる点で異なっていたのであろうか。またそれは、どのような過程を経て現在の「音楽メディア」へと収斂していったのだろうか。

結論を先取りしていえば、本放送開始以前の初期FMとは、常に「音」をめぐる送り手と受け手のかかわりの中で、その役割を変容させてきたメディアであった。つまり、1920年代の初期AMを「声のメディア」とするならば、初期FMとは「音のメディア」だったのである。そしてこの「音のメディア」としての初期FMは、1950～60年代の日本における、「音」をめぐる技術・教養を「文化資本[6]」として取り込もうとする差異化戦略と結びつく形で、生成・変容してきたものであった。

以下本論では、これら「音」をめぐる差異化戦略の中で、初期FMにメディアとしての役割が付与されていく過程、そしてそれが今日的な「音楽メディア」へと収斂していく過程について、分析を試みたいと考えている。

2．実験局時代のFM放送

2−1　行政側の思惑—「第三のメディア」としてのFM

日本におけるFMの歴史は、アメリカのそれよりも少し遅れて展開してきた。松前紀男によると、日本における「FM放送に対する具体的行動の最初」は、1952年に行われた愛知学芸大学によるFM放送免許の申請であるという[7]。しかし当時の放送行政はテレビ放送に完全に目を奪われており、FMに注目が集まるのは、1956年の濱田電波監理局長の発言を待たなければならなかった。このときのやり取りは、以下のようなものである。

　〇橋本（登）小委員　（…）特に諸外国の例から考えて、日本においては純教育放送というものが非常に少ない（ママ）のではないか。ほとんどやってない。多少NHKでやっておりますけれども非常に少ない（ママ）。非常に雑音がない、

あるいは他から妨害されないというような特質から考えても，少く(ママ)ともその一部は純然たる教育放送に利用せらるべきではなかろうか。(…)

○濱田説明員　(…)私自身全く同感に思っております。FM放送は日本の全体的に及ぼすべき性質のものであります。そういう性質の事業だけに使えという考え方，たとえば教育放送のような全体的に及ぼすような，国民全体の利益になるような，教養を向上するような，そういう目的に使われたいという念願は私全く(ママ)同感であります。[8]

　当時，AMのチャンネルは既に飽和状態に達しており，周波数を新規に割り当てることは困難な状況にあった。そして各放送局および放送業界参入を狙う各企業・団体は，新たなラジオ局開局のための手段として，FMに期待を寄せはじめていた。こうした流れを受け，行政もFM実験局の認可について検討を始めるのである。
　しかしその後郵政省は，1960年代後半に至るまで，「FM放送の意義や将来の事業形態など未解決な問題が多い」[9]として，FM本放送の開始に難色を示し続ける。行政はFMを，AMが飽和状態になった故の「代替メディア」として計画するに止まらず，AMとは異なる独自の「意義」と「事業形態」を持たせることに意欲を見せており，そのための実験を行うための放送局としてFM実験局を位置づけていた。そしてこの行政が描いていた，AMとは異なる独自の「意義」および「事業形態」こそが，前述の濱田発言にも見られたような，教養・教育番組を中心に据えた放送メディアだったのである。
　またNHKのFM実験局が開局した1957年には，現在のテレビ朝日の前身となる日本教育テレビ(NET)が設立されているが，この放送局は教育専門局として，放送される番組の53％以上を教育番組に，30％以上を教養番組に充てなければならないという厳しい制約を課せられていた。こうした状況を考えれば，少なくとも当初の段階で行政がFM実験局に期待していたのは，教養・教育番組の放送をメインとするメディアの構築であったということができるだろう。

2-2　実験放送の開始―「教育メディア」としてのFM
　それではFM実験放送の開始前，放送局，特に放送業界への新規参入を目指す民間放送局は，FMに対してどのようなビジョンを描いていたのであろうか。

日本における民放 FM 実験局第一号となったのは，東海大学が運営する「FM 東海」である。開局に向けた準備は 1955 年から始まった。この年東海大学理事長であった松前重義は，東海大学の教職員に向けて次のように「大風呂敷をひろげ」たという。

　　超短波放送の開発を是非行ないたい。それも東海大学の手によってだ。(…) その放送に教育放送をのせたとする。たとえば高等学校の授業放送をだ。全日制や定時制に通えない，向学心を持ったものがたくさんいるはずだ。そうしたものたちが，この放送を聞いて勉強する。そういう新しい仕事を東海大学が実施するのだ。

　そして 1957 年，松前重義らは，「富士山頂超短波放送実用化試験局」の設置申請を電波監理局に提出する。試験局設置の目的は「静岡県を中心とし超短波 (FM) による教育放送を実施するために必要な実用化試験を行う」というものであった。FM 東海にとって，この段階における FM 実験放送の目的とは，あくまで FM を用いた通信制高校の実現であって，新しい「音楽メディア」の開設は目的とはされていなかったのである。
　この「富士山頂超短波放送実用化試験局」は実現することはなかったが，松前らは翌 1958 年，東海大学構内に FM 実験局を設置するための「東海大学 FM 実験局免許申請書」を提出。これが認められ，同年 12 月，FM 東海は実験放送を開始する。
　FM は NHK・民放共に実験局としてその放送をスタートさせており，それらは技術的にも，内容的にも，本放送のための技術的実験を行う場としての性格が強かった。しかしその実験に期待されていたのは，AM ともテレビとも異なる「第三のメディア」の実現であった。そして FM 東海の場合，その自らの役割として当初想定していたのは，「教育メディア」だったのである。
　しかしながら実験放送開始直後の FM 東海の放送内容を見ると，この段階において彼らが受け手を意識してプログラムを作りこんでいたとはいい難い。たとえば当時 FM 東海の立ち上げに携わっていた谷村功らは，この時期の実験放送の実態について，次のように述べている。

　　実験局として送り出される電波は，もちろん前に述べた研究事項に関する測

定の用に供せられる実験電波で，(…) 通信教育が可能である範囲，および受信地点の条件等の気長な実験がはじめられた。(…) 実験にはある程度連続した放送を必要とするので，これを傍聴する人びとに実験以外の興味も与え得るように，ある程度音楽番組の形を組んで送られた。[14]

つまりこの時期 FM 東海で行われていた放送とは，あくまで技術的調査のための放送だったのである。またこの実験放送では主に音楽が放送されていたが，それはあくまで「傍聴する人びとに実験以外の興味も与え」るためであり，番組編成を入念に検討した結果ではなかった。

そして，この実験放送で放送された音楽は，大半がクラシック音楽であった。その理由は，「音の精度と変化に対する技術的優位性を認めるにふさわしいクラシック音楽」こそが「FM 放送発展のため技術開発上適切と思われる内容の番組」であると考えられたためである。[15] つまり，「教育メディア」の実現を目指していた FM 東海ではあるが，そのごく初期の段階においては，「音」に関する技術的な実験に適しているという理由で，とりあえずクラシック音楽が放送されていたのである。[16]

実験放送の開始から約半年後の 1959 年 6 月，松前重義らは東海大学付属高校通信教育部を開設。約 40 名の入学者に向けた，1 日 2 時間の通信教育番組の放送を開始する。4 年後の 1963 年には生徒数も 719 名にまで増加し，通信教育部は「東海大学付属望星高校」として独立することになる。「教育メディア」としての FM 東海が積み重ねた実績は，決して小さいものではない。

しかしその後も FM 東海では，教育番組以外の時間にはクラシック音楽を用いた実験が行われ続けた。そしてこのクラシック音楽番組が，やがて FM の「音楽メディア」としての役割を決定的なものにしていくのである。

2-3　受け手の期待―「音のメディア」としての FM

ここまでに見てきたように，行政および FM 東海は，「教育メディア」としての FM に大きな期待を寄せていた。しかしながら，後に松前重義自身が「放送開始の頭初（ママ）は数名の聴取者であった」と述べているように，FM 実験放送開始直後の受け手の反応は，極めて冷ややかであった。たとえば NHK-FM 実験局の開局から約 3 ヶ月後，1958 年 4 月 6 日の朝日新聞には，「一向に品物がさばけない。(…) 三月からは在庫が頭打ちし，生産を手びかえる会社も現れて

いる」と，当時のFM受信機メーカーの苦しい状況が記されている。
　こうした状況はFM東海が開局した後も続く。1962年に政府が行った世論調査では，回答者の80％がFM放送という言葉を聞いたことがなく，FM放送に対して「ほとんど（全然）関心がない」と答えた回答者も，83％に上っている。
　では，実際に当時のFM実験放送を好んで聴いていたのは，具体的にはどのような層だったのだろうか。FM東海が行ったオーディエンス調査では，この時期の受け手は，次に挙げる三つの集団が中心であったとされている。

　(A)無線関係のアマチュア・グループ
　(B)Hi・Fi音楽ファンのグループ
　(C)経済的に或る程度恵まれていて，相当高価なFM受信装置を購買できた階層

　1958年にサンヨーから発売されたFM受信機は，チューナーのみで定価9,500円である。大卒初任給が12,000円程度であった時代，1日2時間の実験放送を聴くためにこの機器を購入できたのは，ある程度の経済力を持ち（あるいはFM受信機を自作することができる技術を持ち），かつオーディオ機器や高音質放送の受信に極めて高い関心を持っていた，オーディオマニアであった。
　ただしこの三集団はそれぞれ独立しているのではなく，互いに重なり合っていると考えた方が妥当であろう。彼ら集団(A)は，同時に最も「音の良さ」にこだわる集団(B)でもあった。彼らは「いかに良い音で放送を受信・聴取するか」に極めて敏感であり，そのために受信機やオーディオ機器の回路図を描いては，「無線関係のアマチュア・グループ」が集まっていた無線技術雑誌にそれを投稿し，情報交換を行っていたのである。そして彼らがこだわるFMの「音の良さ」が，最も顕著に現れる番組として認識されていたのが，音楽番組，特にクラシック音楽の番組であった。こうした流れの中で，FM東海は「音楽ファン，Hi-Fiファンのメッカ的存在」になっていくのである。
　しかしながら，実験放送開始前後のこの時期，彼らがFMに対して「音楽メディア」としての役割を明確に期待していたとする見方には留保が必要である。オーディオマニアが追求しているのはあくまで「音」であって「音楽」ではない。この頃は「原音再生」というオーディオマニアが追求すべき理念がまだ共有されていた時代であり，彼らは「生の音」＝「原音」をオーディオ装置で再現するた

めに，自作と改良を繰り返していた。

1960年の雑誌『無線と実験』には，FMの「教育メディア」としての利用に賛成する音響評論家の，以下のような意見が掲載されている。

> (…) FMで忠実度の高い放送音を，忠実度の高い受信機で再生すれば，一般教養だけでなく，音に対する人間としての教育が音に対する文化水準を高めることになる。
> 　音に対して，低劣な趣味の蔓延していること今日のような時代は，近年の歴史上には存在しなかったといって過言ではない。

この意見は，彼らにとって真に重要な論点が，「FMとは教育メディアか，音楽メディアか」ではなく，「FMとは忠実度の高い『音』のメディアであるべきだ」という点にあったことを示しているといえるだろう。

また1955年の『無線と実験』には，当時免許申請中だったFM局「日本立体放送」について説明した，以下のような記事が掲載されている。

> また音楽放送ばかりではなく，中波放送の盲点をつく各種のプロも組まれているとのことであるから，われわれ近代人にとって新たな文化的な分野が開かれるようである。

彼はFMを中波放送とは異なる「新たな文化的な分野」を切り開くメディアとして位置づけている。つまりオーディオマニアとは，「新たな文化的な分野」を切り開く技術の受容を通して他の集団（ここではAMの受け手）との差異化を図る，技術エリート志向を持つ集団だったのである。そしてここでは，「音」をめぐる技術の受容が文化資本として機能していた。「音に対して，低劣な趣味の蔓延している」状況を嘆く音響評論家の投稿も，裏を返せば自分を含めたオーディオマニアの「音に対する文化水準の高さ」を誇示するものといえるだろう。

さてここまでに見てきたように，FM実験局の段階において「FM＝音楽メディア」という役割認識は，行政・送り手・受け手の誰にとっても決して自明のものではなかった。行政・送り手がFMに「教育メディア」としての役割を期待していたのに対し，主な受け手であったオーディオマニアがFMに期待していた役割とは，あくまで「音のメディア」であって「音楽メディア」ではなかった。

こうした役割期待が交錯する中で,「音楽ファン,Hi-Fi ファンのメッカ的存在としての FM 東海」という位置づけは形成されていく訳だが,それはやがて,「教育メディアとしての FM 東海」という,当初 FM 東海自身が想定していた役割との深刻なずれを生み出していくことになる。次章では,本放送開始前後の FM 東海をめぐるポリティクスを通して,「メディアとしての FM の役割」がいかにして変容していったかを追うことにしたい。

3.「音楽メディア」としての FM の生成

3-1 本放送開始をめぐるポリティクス

前章までに見てきたような,FM に対する役割期待とその実態とのずれは,本放送開始時に顕在化する。

1960 年に実用化試験局としての認可を受け,その後 8 年間に渡って広告放送を行ってきた FM 東海は,1968 年,突然翌年の免許更新を郵政省に拒否されてしまう。そしてこのとき郵政省は,FM 東海の再免許を拒否する理由として,「FM は(「教育メディア」ではなく)「音楽メディア」にすべきである」という認識を掲げた。たとえば FM 東海の免許更新を認めない決定をした当時の郵政大臣・小林武治は,その理由を次のように説明している。

> これは御承知のように FM の特性が音楽の放送に非常に適する,こういうことでございまして,たとい FM が本格的に実施されるようになっても音楽関係の専門局がある程度必ず存在すべきだ,こういうふうな考え方からいたしまして,まず波の少ない現在においてはそれをやっても将来全体の計画に支障を来たさない,(…) とりあえずひとつ使用できる波は音楽を主としたものに活用したい,こういうふうなことでございます。[28]

2-1 で論じたように,1960 年代後半まで郵政省は NHK および FM 東海以外の FM 局への免許の交付には慎重な姿勢を取り続けた。そのため 1957 年の段階で 42 局あった FM 局の免許申請は,1968 年には 263 社 536 局にまで膨れ上がっていた。[29] 郵政省はそれらの申請を調整し本放送免許を与えるために,何らかの形で動かざるを得ない状況に追い込まれていたのである。こうした中,東海大学が単独で運営し,しかも当時既に 1500 人を超える生徒に向けて通信教育放送を

行っていたFM東海は，郵政省にとっては民放FM局の一本化を阻む頭の痛い存在であった[30]。こうして郵政省は，「FM＝音楽メディア」という役割認識を掲げ，FM東海へ実質的な放送停止を要求するのである。

　しかしこうした役割認識は，FM東海を潰すための方便として郵政省によって突然作られた訳ではない。「FM＝音楽メディア」という認識は，1960年代の実用化試験局時代を通して，歴史的に形成されたものであった。

　FM東海はこの時期を通して，音楽番組の占める割合を年々増加させていた。たとえば1960年から4年の間に，放送時間は週61時間から136.5時間へと2倍以上伸びているが，それでも1960年に69.6％だった音楽番組は，1964年には76.1％にまで増加している[31]。FM東海自身，「FM放送には音楽番組み（ママ）が多い。これはオーディエンスがFMに音楽番組み（ママ）を期待するからである[32]」と認めており，その根拠としてFM東海が1962年に行った，受け手に対するFMの聴取動機調査を挙げている。この調査結果を見ると，FM聴取の動機は「音質がすばらしいから」「良い音楽がきけるから」がどちらも8割以上となっているが，この傾向は第一回調査から第四回調査まで変わっておらず，FM東海はこの設問を，「第五回以降，FM放送の聴取動機はもはや自明のこととして，調査項目からはずし[33]」てしまう。前章で論じたように，実は実験局時代からのごく初期の受け手＝オーディオマニアにとっては「良い音楽を聴ける」ことよりも「高音質で聴ける」ことの方が重要であった訳だが，それに対する区別を次第に曖昧にさせていく形で，少なくとも1960年代半ばまでに，FM東海は実質的に「（高音質の）音楽メディア」として自らの役割を認識するに至っていた。「音のメディア」としての初期FMを支持していた受け手＝オーディオマニアの論理が，結果としては「FM＝音楽メディア」という図式を「既成事実」にしたのである。

　そして前述の小林発言では，こうしたいわば「既成事実」を理由として，音楽専門局を開設することの必要性が説かれるようになっている。もちろん実際のところ，郵政省が何を意図して「教育メディア」としてのFM東海を潰そうとしたのかは定かではない[34]。しかし本論において重要なのは，この段階において「FM＝音楽メディア」という図式はもはや「既成事実」化しており，かつそれは十分な説得力を持つに至っていた，という点であろう。

　そしてこうした「既成事実」の下，殺到する開局申請に応じるために，郵政省は「教育メディア」としてのFM東海を解消へと追い込んでいく。それは送り手にとっても，受け手にとっても，教育番組が「お荷物」化していくことを意味

していた。次節ではこの教育番組の「お荷物」化プロセスについて、検討を加えることにしたい。

3-2 教育番組の「お荷物」化

　東海大学と郵政省との裁判を含めた交渉の結果，1970年，FM東海は東海大学以外の民間企業も株主に加えたFM放送局「FM東京」として本放送を開始する。しかしFM東京は，通信教育番組を継続こそしてはいたが，もはや「教育メディア」を局の看板として掲げてはいなかった。たとえば大野勝三・FM東京社長が開局にあたってFM雑誌に寄せたコメントには，FM東京開局に至るまでの歴史(35)やFM東京の基本姿勢などが，約1ページ・38行にわたって詳しく述べられているが，その中で教育番組について触れているのは，「FM放送のもう一つの面に，放送を利用した通信制高校「望星高校講座」があります。この望星高校を軸とした教育，教養番組の充実もFM東京の特色としてご記憶いただきたいと存じます」という，わずか3行のみである。(36)

　実際，本放送を始めたFM東京にとって，この通信教育番組はもはや「お荷物」になりつつあった。たとえばFM東京開局時，あるFM雑誌の記者は通信教育番組について次のように述べている。

　　現在1,800人の生徒がFM東海の放送で勉強している「望星高校（通信制）の時間」の取り扱いが問題となってくる。民放にとって最も売れる夜のゴールデンタイムを2時間半にわたってつぶすこのプログラムには関係者も頭を痛めているようだ。(37)

これまでに見てきたように，FM東海のそもそもの起こりは，この通信制高校の実現のためであった。しかしこの段階に至ると，FM東京にとって教育番組は「頭を痛める」存在となっていたのである。

　こうした認識は，受け手の側にも共有されていた。たとえば1971年のFM雑誌の読者投稿欄では，FM東京における通信教育番組の位置づけをめぐり，次のような議論が起きている。

　　●モッタイナイ話
　　世の中には，モッタイナイことが数々あるものだが，FMの世界にも大いに

モッタイナイことがある。その一つ。FM 東京の「望星高校講座」という番組。(…) いったい FM 東京のサービス・エリアの中で，この番組をきく人間がどのくらいいるのだろうか。早朝の時間帯ならともかく，いわゆるゴールデン・アワーの二時間半をこの番組で毎日つぶされるのは，私たち音楽狂にはガマンならない。[38]

● 「望星高校講座」はこのままに
(…)「望星高校講座」を他の時間に移してはどうかということですが，私は反対です。この放送を聞いている人はいったいどういう人たちでしょうか。おそらくは昼間働いて，夜この講座で勉強しようと思っている人達でしょう。(…) ゴールデン・タイムにバロックやラテン音楽を聞いている間に勉強している人のことを考えないわけにはゆきません。[39]

こうした議論は各 FM 雑誌の投稿欄において盛んに行われていたが，やがて「教育は FM の使命ではない」という主張が大勢を占めるようになっていく。こうして，行政の思惑や運営主体であった大学の理念の下で「教育メディア」として生成してきた民放 FM 局は，様々な相互作用の中で「教育」という理念を削ぎ落とされ，結果として「音楽メディア」としての役割を確立していくのである。

3−3 「音のメディア」から「音楽メディア」へ

では，「音のメディア」として FM を認識していた，オーディオマニアをはじめとする初期 FM の受け手は，いかにしてその役割期待を「音楽メディア」へと変容させていったのだろうか。それを探るために，まずは初期 FM ではどのような音楽が放送されていたのか，その変遷を追うことにしたい。

1960 年に実用化試験局として商業放送を開始した FM 東海は，しばらくの間，クラシック音楽よりもポピュラー音楽を重視した番組編成を行うが，1964 年 4 月の番組改編でクラシック音楽を重視した番組編成へと回帰する。松前紀男はこの改編を「放送の文化に対する機能を第一義的に考え，ラジオに新たな機能を期待する者を対象とする徹底した考え方を貫いた」[40] ものであったと論じているが，その根底には将来を見据えた，AM・テレビとの明確な差異化戦略があった。[41] そしてこうしたクラシック音楽重視の番組編成が続けられる中で，FM には次第に「外来音楽を啓蒙的に紹介する質の高い教養的性格を持ったメディアとして」の

役割が付与されていくのである。[42]

　クラシック音楽を重視するFMが,「質の高い教養的性格を持」つメディアとして位置づけられていったという事実は, 本論においては極めて重要である。加藤善子が, 戦前の旧制高校文化の頃から「クラシック音楽愛好は, 日本では大学で続く「学問的」趣味」だったと論じたように[43], 戦前─戦後にかけて, クラシック音楽は常に大学的な知＝教養と結びつけて語られてきた[44]。そしてFM東海が明確にクラシック音楽重視を打ち出した1964年は, まだ「庶民やインテリが明確な階層分化をともなって実態的に存在していた[45]」時代であり, 同時に「戦後的教養主義が高等教育と新中間層の拡大に連動し, 教養主義が大衆教養主義としてクライマックスをむかえ[46]」ていた時代であった。換言すれば, クラシック音楽＝記号としての教養を求める人々が急増した時代であった。つまり松前紀男が聴取者として想定した「ラジオに新たな機能を期待する者」とは, こうした「FMに記号としての教養を求める人々」であり, この時期FMは, こうしたクラシック音楽＝教養の複製技術として機能したのである。

　たとえば実用化試験局時代の1966年に創刊された雑誌『FM fan』は, 本放送開始以前からの熱心な受け手が読んでいたFM情報誌であるが, その紙面は明確にクラシック音楽関連記事をメインに, オーディオ関連記事をサブに据えており, ポピュラー音楽の占める割合は極めて小さかった。本放送が始まり, 民放FMにおいてポピュラー音楽が放送されるようになると, 『FM fan』の投稿欄では音楽番組の質の低下（「音」の質の低下ではなく）を嘆く従来の受け手と, ポピュラー音楽番組の増加を求める新しい受け手との間で論争が頻繁に起こるようになる。「FM放送が質の低下を招かずに, 芸術におけるリード・オフ・マンとして大衆を引っぱっていくことを強く希望します[47]」といった投稿などは, 音楽番組の質の維持を訴える, 初期FMの受け手の声の最たるものといえるだろう。つまり少なくとも本放送開始までの間に, 初期FMの受け手はFMに（「質の高い音」のみならず）「質の高い音楽」を求めるようになっていたのである。

　1963年度に約5万台だったFMチューナーの生産台数は, 1969年度には約27万台に急増している[48]。それは, FMが比較的手頃な値段で, 専門的な技術を必要とすることもなく受容されるメディアになったことを意味していた。こうした中, それまでの「音に対する文化水準の高さ」を示すメディアとしてよりも, むしろクラシック音楽をメインコンテンツとする「高い教養的性格を持」ったメディアとして自らを位置づけ, AMとの差異化を図ろうとしたFM東海（およびその受

け手）の戦略は，見事に成功したといえるのではないだろうか。[49]

　本放送開始までの間に，FM は「音楽メディア」という役割を付与され，また自らもその役割を纏っていった。しかし本当に FM 東海が企図していたのは，単なる「音楽メディア」としての FM ではなく，クラシック音楽という，複製可能な記号としての「教養」を媒介するメディアとしての FM であったということができるだろう。それは受け手にとって，FM の受容を通して獲得される文化資本が，「音をめぐる技術」から「音の内容＝音楽に付与される記号」へとシフトしたことを意味していた。こうした差異化戦略の変容の中で，この時代，FM は「ハイブローなエリート族」であることを示すメディアになっていったのである。[50]

4．まとめ

　以上，本論では 1950 年代末から 1970 年代初頭の日本において，FM の役割がいかに生成・変容してきたかを明らかにした訳だが，ここで再度議論の流れを整理しておこう。

　送り手としての FM 東海は，当初「教育メディアの実現」という理念を掲げて FM 実験放送を開始するが，そこで実際に行われていたのは，「音」に関する各種技術的実験としてのクラシック音楽の放送であった。しかしながら主な受け手であったオーディオマニアは，FM に対して「（良質な）音のメディア」という役割を期待しており，こうした役割期待の下で，彼らはその「音の良さ」を最も実感できる（と思われていた）クラシック音楽放送を好んで受容した。そして，このような受け手の期待とそれに対する FM 東海の思惑とが交錯する中，「良質な音でクラシック音楽を放送するメディア」という FM の役割認識は強固なものとなっていく。結果として当初 FM 東海が掲げていた「教育メディア」という理念は，送り手／受け手の双方によって，1970 年の本放送開始前後までに削ぎ落とされていくことになるのである。

　またこうした役割認識の下に，FM 東海は音楽番組の占める割合を年々増加させていく訳だが，受信機の普及と共に受容者層が一部のオーディオマニアからより広い層へと拡大するにつれ，FM を受容する上で欠かすことのできない要素であった「音」をめぐる技術は次第に背景化し，「FM ＝音楽メディア」という図式が既成事実化していく。こうして，現代へと連なる「音楽メディア」としての

FM の役割が生成されていくのである。

　そしてさらに詳細に見ていくと，この「音のメディア」から「音楽メディア」へ，という役割変容の裏には，FM によって媒介されていた文化資本の変容があったことが分かる。受け手＝オーディオマニアに「音のメディア」と認識されていた頃の FM では，その「音」をめぐる技術が，彼らの差異化戦略の賭け金になっていた。しかしながら「FM ＝音楽メディア」という図式が既成事実化すると，FM をめぐる差異化戦略の賭け金は，教養＝クラシック音楽の受容へとシフトしていく。つまり 1960 年代における「大衆教養主義」の盛り上がりの中で，FM によって媒介される文化資本の内実は，「音をめぐる技術」から，「音の内容＝音楽に付与される記号」へと変容していったのである。

　従来，教養をめぐる差異化戦略は，岩波書店をはじめとする活字メディアとの結びつきの中で語られることが多かった訳だが，戦後のこの時期，FM という活字以外のメディアでも，同種の差異化戦略が行われていた。そして初期 FM の歴史は，「"技術のゲーム"から"文化のゲーム"へ」とでもいうべき，この時期に起こっていた差異化戦略の変容を，私たちに提示しているといえるのではないだろうか。

　最後に，今後の課題について述べておきたい。3－1 で見たように，1970 年の本放送開始時において，「FM ＝音楽メディア」という役割認識はもはや動かしがたいものになっていた。この認識は現在でも共有されているものではあるが，「音の内容＝音楽に付与される記号」をさらに細かく見ていくと，クラシック音楽から洋楽ポピュラー音楽へ，ニューミュージックから J-POP へと，その後も様々に変化していることが分かるだろう。1970 年代以降，FM はいかなる音楽を放送してきたのか，またそれを受容する受け手は，FM をいかなる「音楽メディア」として位置づけてきたのかについては，さらなる検討が必要である。FM カーラジオの普及やエアチェックの流行といった「FM 受容の多様化」のプロセスにも，目を配っていかなければなるまい。

　同時に，こうした歴史的知見を現代的な問題関心へと接続させるにあたり，本論で論じてきたような「音楽メディア」としての FM と，現在盛んに論じられているような，コミュニティ FM をはじめとする「新しい FM」とが，いったいいかなる点で連続／断絶しているのかを検討していく必要があるだろう。様々なファクターが織り合わされた結果として，FM は「音楽メディア」として生成してきた訳だが，ではこの「音楽メディア」としての FM の存在は，現在主に「地

域メディア」「市民メディア」として捉えられている「新しいFM」の生成に，いかなるファクターとして作用したのだろうか。これまでのFMの歴史を踏まえつつ，こうした「新しいFM」とはいったいいかなるFMなのか，その位置づけを再度捉え直していく作業が，今後「日本におけるFMのメディア史」を記述するにあたっての，重要な課題となるだろう。

注
（1） 増田智子・照井大輔（2006）「いま，ラジオが果たしている役割とは―「ラジオに関する世論調査」から」『放送研究と調査』2006年9月号　56巻9号　日本放送協会　28-29
（2） しかし一方で同調査では，CDやMD，携帯音楽プレーヤー等の普及に伴い，「現在の若年層の多くにとっては，ラジオが音楽ニーズを満たす主メディアではなくなっている」（増田智子・照井大輔（2006）前掲論文　31）と指摘されている。
（3） 吉見俊哉（1995）『「声」の資本主義』講談社　32
（4） 吉見の研究以外にも，AMに関するメディア史的な研究は，竹山昭子（2002）『ラジオの時代―ラジオは茶の間の主役だった』世界思想社，山口誠（2001）『英語講座の誕生』講談社など，数多く存在している。
（5） 日本のFMについて歴史的に論じた研究は，極めて限定されている。通史的な研究としては，管見の限り，松前紀男（1996）『音文化とFM放送―その開発からマルチ・メディアへ』東海大学出版会　があるのみである。
（6） Bourdieu, Pierre（1979＝1990）*La distinction : critique sociale du jugement*, Editions de Minuit.（石井洋二郎訳『ディスタンクシオンⅠ―社会的判断力批判』藤原書店）
（7） 松前紀男（1996）前掲書　8
（8） 1956年10月10日「第24回衆議院逓信委員会閉会中審査小委員会6号会議録」http://kokkai.ndl.go.jp/（2007年5月20日閲覧）より。「濱田説明員」は郵政省電波監理局長・濱田成徳。「橋本（登）小委員」は自民党衆議院議員・橋本登美三郎。
（9） 日本放送協会編（2001）『20世紀放送史（下）』日本放送出版協会　170
（10） 1958年12月〜1960年4月は「東海大学超短波放送実験局」，1960年4月〜1970年4月は「東海大学超短波放送実用化試験局」が正式名称だが，本論では実用化試験局時代の通称である「FM東海」で統一する。
（11） 内木文英（1984）『望星高校物語―FM放送と通信制教育』東海大学出版会　14-16
（12） 松前重義・谷村功監修（1962）『これからの放送FM』東海大学出版会　18
（13） 松前紀男によると，この段階において松前重義は，「主チャンネルによって文化あるいは音楽番組を放送すると同時に，副チャンネルによって通信教育番組を放送する」，FM多重放送の実験を構想していたという（松前紀男（1996）前掲書15-16）。したがってこの時期のFM東海が，音楽放送を全く念頭に置いていなかったとはいえない。しかし，少なくとも実際に郵政省に提出された二つの免許申請書

に掲げられている実験局設置の目的は、「教育」および「技術開発」であり、そこに「音楽」という文言はない。「FM 通信制高校の実現」「FM 多重放送の実現」という目的に較べ、「音楽メディアとしての FM の実現」は、当時の FM 東海にとって決して大きな目的ではなかったといえるだろう。これについては注 16 も参照のこと。
(14) 松前重義・谷村功監修 (1962) 前掲書　125
(15) 松前紀男 (1996) 前掲書　22
(16) 重要なのは、技術的な理由からコンテンツとしてクラシック音楽が選ばれはしたが、そこに FM 東海の何らかの理念がこめられていた訳ではなかったという点である。松前重義自身、教育放送の重要性については熱心に語っているが、「なぜクラシック音楽を放送したのか」という理由については、明確に言及していない。実際、「教育メディア」という理念を掲げたのは松前重義であるが、具体的な番組編成については、基本的に放送局での勤務経験がある現場のスタッフが作業を行っていたという。(2007 年 1 月 11 日、松前紀男氏への電話インタビューより)
(17) 松前重義 (1963)『回顧と前進―東海大学建学の記』東海大学出版会　121
(18) 「伸び悩む FM 放送」『朝日新聞』1958 年 4 月 6 日夕刊　4 面
(19) 内閣総理大臣官房広報室 (1962)『放送に関する世論調査』総理府　144
(20) FM 東海超短波放送編 (1964)『FM の焦点』東海大学出版会　47-48
(21) 通信教育部の生徒には、学校から月賦代 300 円で受信機が貸与されていた。(東海大学五十年史編集委員会編 (1993)『東海大学五十年史　部局篇』879)
(22) たとえば NHK-FM 実験局が開局した 1957 年、無線技術雑誌はこぞって FM 放送の特集を組んでいる(「特集　FM 放送にそなえて」『無線と実験』1957 年 10 月号　44 巻 11 号　誠文堂新光社　45-83,「特集座談会 FM 技術に関する 12 章」『ラジオ技術』1957 年 10 月号　11 巻 12 号　ラジオ技術社　43-78 など) が、その内容は FM 受信機を自作するための回路図の紹介が中心であった。
(23) FM 東海超短波放送編 (1964) 前掲書　50
(24) 増田聡・谷口文和によると、「原音再生があくまでも「理念」であり、現実的にありえないことは、オーディオマニアのあいだでも 1970 年代頃から認識されるようになっていったという。」(増田聡・谷口文和 (2005)『音楽未来形―デジタル時代の音楽文化のゆくえ』洋泉社　205)
(25) 「FM 放送は VHF 帯でやるべきか UHF 帯でやるべきか」『無線と実験』1960 年 4 月号　47 巻 4 号　誠文堂新光社　134
(26) 「Hi-Fi 放送局誕生か？」『無線と実験』1955 年 1 月号　42 巻 1 号　誠文堂新光社　38。なお、「プロ」は「プログラム」の略。
(27) ただし、FM 実験放送が始まった 1950 年代後半から 1960 年代にかけて、「送り手の期待」は決して一枚岩であった訳ではない。たとえば 1961 年 11 月 29 日、朝日新聞・毎日新聞の両社は自らの FM 局の免許申請に対し、「放送の本質は報道であり、新聞社が経営する FM を最優先すべきだ」とする要望書を提出している (総合放送文化研究所放送史編修室編 (1979)『FM 放送(I)―年表・資料』総合放送文化研究所放送史編修室　266　傍点は引用者)。またこの時期は、日本ビクターのよう

な音響機器メーカーや,天理教などの宗教団体もFM局の免許を申請していた。「地方都市では著名なパン製造業者とか味噌,醤油,酒造会社などが,公然もしくは極秘にFM放送権獲得運動を始め」ていたという(阿川秀雄(1995)『続・私の電波史―あの日その時』電波タイムス社 675)。「教育メディア」という役割認識はあくまで初期のFM東海による自己認識であり,その裏では,こうした電波獲得をめぐる対立構図の中で,様々な役割期待が交錯していたのである。また,受け手のFMに対する期待も一枚岩ではなかった。1960年代前半はラジオの「ながら聴取」が急激に拡大した時期であったが(NHK放送文化研究所(1963)『日本人の生活時間』日本放送出版協会 136-142,日本放送協会放送世論調査所(1967)『テレビと生活時間』日本放送出版協会 30を参照のこと),そんな中1961年の『週間朝日』に掲載された,BGMとしてFMを流す「FM床屋」が大人気になっているという記事では,この床屋に来店するFMファンは「ステレオ・マニアか"ながら族"が圧倒的」であると紹介されている(「第三の電波 FM」『週刊朝日』1961年11月24日号 66巻51号 朝日新聞社 21)。「音の良さ」を真剣に味わうマニア以外に,BGMとしてFMを受容する「ながら族」のような受け手も,一定数存在していたことを示す一例であるといえるだろう。

(28) 1968年8月9日「第59回衆議院逓信委員会1号議事録」(http://kokkai.ndl.go.jp/ 2007年5月20日閲覧)
(29) 総合放送文化研究所放送史編修室編(1979)前掲書 313-318
(30) ではそもそも,なぜFM東海という,東海大学が単独運営する放送局に実験局としての免許が交付されたのだろうか。東海大学の理事長であった松前重義は元逓信院総裁であり,電波行政に大きな影響力を有していたことも一因ではあるだろう。実験局開設時の郵政省電波監理局長・濱田成徳は,松前重義が公職追放により東海大学から離れていた間,同大学の理事長を務めていた人物でもある。「教育メディア」という理念を掲げたFM東海に実験局免許が交付されたのも,様々なポリティクスが働いた結果であったといえる。
(31) 松前重義・谷村功監修(1962)前掲書 63,松前紀男(1996)前掲書 96
(32) FM東海超短波放送編(1964)前掲書 53
(33) FM東海超短波放送編(1964)前掲書 53
(34) この免許更新問題については,松前重義と小林武治との個人的な確執が発端となっている説など(「私怨・陰謀説もとぶFM騒動」『週刊現代』1968年2月29日号 10巻8号 講談社 29),様々な憶測が乱れ飛んでいる。
(35) ただし,FM東海が実験放送を始めた目的が「教育メディアの実現」にあったことについては触れられていない。
(36) 大野勝三(1970)「FM東京開局にあたって」『FM fan』1970年5月11日号 5巻10号 共同通信社 93
(37) 「FM時代の幕開く」『FM fan』1970年3月2日号 5巻5号 共同通信社 29
(38) 「今週のこえ」『週刊FM』1971年6月21日号 1巻17号 音楽之友社 52
(39) 「今週のこえ」『週刊FM』1971年6月28日号 1巻18号 音楽之友社 52

(40) 松前紀男（1996）前掲書　93
(41) この差異化戦略の詳細については，松前紀男（1963）『考える FM —放送の新しい仕組み』東海大学出版会，および松前紀男（1996）前掲書　89-98 を参照のこと。
(42) 松前紀男（1996）前掲書　104　傍点は引用者。
(43) 加藤善子（2005）「クラシック音楽愛好家とは誰か」渡辺裕・増田聡編『クラシック音楽の政治学』青弓社　165
(44) この結びつきについては，若林幹夫（2005）「距離と反復」渡辺裕・増田聡編前掲書　213-242 も参照のこと。
(45) 竹内洋（2003）『教養主義の没落』中央公論新社　200
(46) 竹内洋（2003）前掲書　204
(47) 「今週のこえ」『週刊 FM』1971 年 10 月 25 日号　1 巻 35 号　音楽之友社　54
(48) 通商産業大臣官房調査統計部編（1966）『昭和 40 年　機械統計年報』日本機械工業会　262，同編（1971）『昭和 45 年　機械統計年報』通商産業調査会　237
(49) ではこの頃，AM はいかなる状況下にあったのだろうか。1965 年には白黒テレビの普及率は 90％を超え（日本統計協会編（1988）『日本長期統計総覧』第 4 巻　日本統計協会 553），AM は家庭における娯楽の主役の座を奪われつつあった。同年の調査では「テレビの場合には，視聴者の割合が最高になる時間には，五〇％を越えているが，ラジオの場合には五％足らずであ」ったという（日本放送協会放送世論調査所（1967）前掲書　26）。こうした中 AM は，一日をいくつかの時間帯に分けた上で，それぞれの時間帯ごとにターゲット（男性／女性／若者／ドライバーなど）を設定し，そのターゲットに向けた番組を放送する「オーディエンス・セグメンテーション」の戦略を採るようになっていく。たとえば，若者向け AM 深夜放送の代名詞となる『オールナイトニッポン』が始まったのは，1967 年である（なお，こうした AM の戦略については，日本放送協会編（1977）『放送五十年史』日本放送出版協会 715-722 を参照のこと）。FM・AM を問わず，様々なファクターの中で，受け手を限定的に設定しそのターゲットに向けた番組を放送することで，新たなメディアの役割を構築していったのが，この時代のラジオ放送の大きな流れであるといえるだろう。
(50) 免許更新を拒否した郵政省と FM 東海の争いを描いた記事内の「FM ファンは，各種の調査によってハイブローなエリート族というイメージができている。十年にわたって高級ファンを育てた FM 東海だけに，（…）郵政大臣の一片の通告では消されそうもない」（「開き直った一キロワットの小局」『平凡パンチ』1968 年 3 月 4 日号　5 巻 9 号　平凡出版　37　傍点は引用者）という一文より引用。なお『平凡パンチ』は前年 5 月の特集で，FM 東海の『聴取者嗜好調査』を引きつつ，「自宅に住んでいて生活に安定性をもっており，アルコールよりコーヒーを好む，スポーツが嫌いな若者」として FM ファンを紹介している（「音にいどむ最後の電波 FM を探る」『平凡パンチ』1967 年 5 月 15 日号　4 巻 19 号　平凡出版社　119-120）。当時における「高級」を表す記号の一つとして FM が消費されていたことを，皮肉を交えて表現している事例であるといえるだろう。
(51) 竹内洋（2003）前掲書，筒井清忠（1995）『日本型「教養」の運命—歴史社会学

的考察』岩波書店などを参照のこと。
(52) 1970年代のFMにおける「エアチェック文化」の拡大については，溝尻真也 (2007)「日本におけるミュージックビデオ受容空間の生成—エアチェック・マニアの実践を通して」『ポピュラー音楽研究』10号　日本ポピュラー音楽学会　112-127を参照のこと。

情報ワイド番組における「ニュース・ストーリー」の構成と理解の実践過程[R]
―― BSE 問題における「リスク」を事例に

是　永　　　論 (立教大学)
酒　井　信　一　郎 (パロアルト研究所)

1. 問題の所在

　本論文は，現代のテレビ放送においていわゆる「情報ワイド番組」と呼ばれているものを題材に，そこで展開しているさまざまな言説が，一定の「ニュース・ストーリー」をもったメディア・テクストとして，どのように構成されているのかを，とくに日米間での牛肉輸入停止問題に関する「BSE リスク」の理解を事例に明らかにすることを目的としている。

　現在，国内の地上波で平日午前中の時間帯を中心に放送されている「情報ワイド番組」とは，身近な生活情報から政治情勢までを幅広く取り扱っている。主要な形式として，出来事についての VTR に交えて，出演者によるスタジオ・トークを展開することが特徴となっている。

　一方，ニュース研究においては，こうした番組に見られるような，構成の多様化にともない，ニュースというジャンルとしての従来の固定した枠組みからではなく，それを一つのメディア・テクストとして，その多様な解釈過程に密着しながら分析することが注目されている (伊藤編 2006：10)。たとえば，後述するように近年では「ニュースのワイドショー化」といったことが問題にされてきたが，こうした傾向は，政治的なニュースを「娯楽」として楽しむような，受け手による解釈過程をふまえた上で，ジャンルが社会的に構成されていることを示すもの

である。それは同時に，ニュースを分析する側としても，そのような解釈過程に立脚しなければ，「ニュース」として社会的に成立しているものを適確にとらえることができないという認識を促すものであった。その結果，「ニュース」とは，前提的に固定したジャンルとしてではなく，内容構成の形式によって一定の解釈がもたらされるメディア・テクストとしてとらえられ，伝達内容を語りや映像・テロップといった詳細な「情報モード」に分解しながら，それぞれの関係から生じる解釈過程を分析する手法などがとられてきた。

　本論では，こうした解釈過程への認識を共有しつつも，後述するように，従来の研究においては，テクストとしての分析が「批判」といった目的に向かうあまりに，かえって解釈過程そのものへの焦点化が十分になされて来なかったものと考える。本論では，牛肉輸入停止問題に関するメディア・テクストが，VTRや「スタジオ・トーク」などに始まり，個々の「(翻訳)字幕」などの複数の言説によって成立していることに注目し，それらが「日米におけるリスク規定の違い」という一定の流れを持った「ニュース・ストーリー」として，いかなる日常的な理解の実践に基づきながら相互に関連を持って構成されているかについて，エスノメソドロジー・会話分析による方法を用いて考察する。そこから，このような構成に基づいて，こうした番組が「娯楽」でありながらもなお「ニュース」として，マス・メディアにおける言説の公的な性質をどのように維持しているかを明らかにしたい。

2．分析枠組み

2-1　社会的活動としてのテクスト理解：間テクスト性をめぐって

　具体的なテクストの分析枠組みについて説明する前に，ここではまず，テクスト自体が社会的活動（social activities，以降では単に「活動」という）から構成されていることを確認しておきたい。

　たとえば，「食事与えず1歳餓死，容疑の24歳母親を逮捕」という新聞の見出しがあったとしよう。読者として，私たちはこの短文を読むだけで，つぎに記述されているであろう詳細な記事の内容を読まずとも，まず「1歳」と「24歳」は，「食事を与える」ということについていかなる関係にあるのか，あるいは，「容疑」とは何の容疑であり，また単に「逮捕」とある行動は，いかなる権限を持つ誰によってなされているのか等々，さまざまな活動を即座に理解することができる。

だからこそ，この短文は見出しとしての機能を果たすことになるのであるし，作り手側は，読者がそのように読むようにと意図して，見出しをデザインすることだろう。

　これは新聞というメディアを離れて，さらに一般的な記述の問題に関係する。たとえば，「Xが泣いていた。Yがそれを抱え上げた。」という記述があったとする。すなわち，XとYが行なっている「泣く」「抱え上げる」といった個々の活動に加えて，そのような活動を担うものを記述するという活動がある。そして個々の活動はさらに，それぞれが適切なものどうかを理解する活動をもたらす意味で，「社会的」である。たとえば，Xが「赤ん坊」である場合には，さらにYに入るものは，たとえば「課長」と「母親」とのそれぞれのことばが，同一の指示対象としてYという人物を示しているとしても（「課長」であると同時に「母親」であったとしても），「課長」としてよりも「母親」であることの方が，泣いている「赤ん坊」を抱き上げる際には適切であると理解されることがある。そしてさらに，XとYがそのように記述された場合，結果としてYは「Xの母親」(赤ん坊の母親)となり，それぞれの活動が一定の関係を持って理解されることになる (Silverman 2001：80)。

　テクストを読んで理解するという作業は，記述された結果としてこのような活動を導いている。先の例でみれば，YがXの母親であると理解できるのは，Xに対して「赤ん坊」という記述が適用されることで，「家族」という集合に属することになり，さらにYが「母親」として同じ「家族」という集合に属することが一貫して行なわれるという，ある種の規則が働いている（一貫性規則，Sacks 1974）ためである。このような意味で，テクストには社会的な活動が埋め込まれて (embedded) いるのである (Francis & Hester 2004：70)。

　社会学において言説分析と呼ばれるものの多くもまた，テクストに関わるこうした社会的活動を解明するものとして行なわれてきた。ここですべての言説分析を繙く紙幅はないため，近年マス・コミュニケーション研究で注目されている「批判的言説分析 (Critical Discourse Analysis，以降CDAとする)」を例にしよう。CDAにおいてテクストとは，生産／消費という言説実践から構成され，その実践は文化的なコンテクストを反映している。マス・メディアでは，こうしたテクストの一つとして，一定の政治的・文化的な諸制度を反映しながら解釈が行なわれる (山腰 2005)。

　このとき，CDAが手がかりとするのは，「間テクスト性」という概念である。

間テクスト性とは，テクストが他のテクストの断片（言説）から構成されているという特性であり，テクストの生産や消費について，他のテクストを利用する言語実践と定義される（Fairclough 1992）。ニュースについて例をみれば，マスコミがある出来事を記述する際に，そこで参照されるテクストの関連付けは「自由に行なわれるわけではなく」，一定の選択性や優先性が見られ，CDA はそこに支配的な諸制度や価値が「権力関係」として反映されていることを，実際のテクストにおける言説間の構成関係について明らかにしようとするのである（山腰 2005）。
　ここで本論が注目するのは，そうした「構成関係」をなす言説それぞれにおける諸活動が，その言説の受け手によってどのように関連付けられることによって，一定の理解をもたらしているのかという点である。
　たとえば，「子どもが泣いていた」のに「母親である Y は子どもを抱え上げなかった。」という言説があったのにも関わらず，それが何らかの「強制力」によって公の場に関連づけられなかった場合，そこにたとえば「権力」といったものを見ることができるのかも知れない。しかしながら，そのような行為が展開するのは，そもそもこの言説においてなされている，「泣く」－「抱え上げる」という二つの活動について，先に見たような「母親」という記述を通じた関連付けが，その言説の理解において参照されているためである。すなわち，この場合に，Y の道徳性を問うといった形で，何らかの「権力性」を指摘しながら「批判」という行為が行なわれるきっかけは，Y を「課長」といったものではなく「母親」と記述することによる諸活動の関連を通じた理解に依存していると考えられる。
　このような理解は，あくまでこうした関連の参照に基づく言説どうしの関連についてなされるものであり，一方で特定の関連が必ず一定の理解を導くとするものではない。むしろ，特定の関連を取りまく幾重もの連続性をもった関連付けの中で，それぞれの時点での理解が再帰的（reflexive）になされるのである。この点で，たとえば同一の人物について以前は「家族を顧みない疑惑の政治家」とされたものが，その後に「じつは娘思いの父親だった」と記述されることに従って，そこでの「権力性」といった理解が変容するような場合[2]，それ自体もまた，ある連続性をもった中での関連付けと見ることができる。そこで本論は，言説における「間テクスト性」そのものが，記述を通じた活動の関連付けという実践によってどのように構成され，「ストーリー」としての適切な理解が，その受容に向けてどのように参照されるのかという，その過程を「母親」といった成員性カテゴリーに着目しながら明らかにすることを主要な目的とする。

さらにもう一方で,「ニュース」としての記述の問題として考えた場合,あるカテゴリーとしての活動が参照されること自体が,当該の言説をどのような性質をもったものとして受容されるべきものかを特定することが考えられる。先のように,「疑惑の政治家」として公的にバッシングされた人物が,「娘思いの父親」として記述され直される場合,前者のような「政治家」としての記述は,あくまでそのようなバッシングという活動に向けてなされるものであり,逆に後の時点でそうしたバッシングの理解を「なかったもの」として理解させるために,あえて後者の記述が行なわれているものとしても見ることができるだろう。このような理解は,テクストにおける記述がどのような言説の連続性をもたらす実践に基づいており,その結果としていかなる「間テクスト性」が理解されているのかを明らかにしない限り,分析の対象とすること自体が難しいものと考えられる。

　以上の目的に対し,以降では具体的に米国産牛肉輸入停止問題を報じた一連のテクストについて見ることで,公的なアジェンダとしての「BSEリスク」の理解がどのような連続性を持った関連付けの中で実践されているかを見ていく。

2－2　米国産牛肉輸入停止問題におけるリスクとメディア報道

　本論は2006年1月から3月にかけて収集された,関東地域各局で午前中の時間帯で放送されている,いわゆる情報ワイド番組である「特ダネ!」「情報ツウ」「スーパーモーニング」から,日米間におけるBSEリスクによる米国産牛肉輸入停止問題に関するニュース・レポートを分析対象とする。

　近年のニュース番組は,報道内容よりも番組の個性をより強調する,娯楽化やソフト化の路線をたどっていることが指摘されている。一方ワイドショーも,エンターテイメント系のソフトなニュースを報じる一方で,政治や経済,社会問題といったハードなニュースを全面的に取り扱うようになっている。このようにそれぞれが独立したジャンルの報道番組形式であるとはいえなくなっている現状において,番組内容の解釈としても「ニュース／娯楽」の境界線は引きにくいものとなっている。このような経緯から,ジャンルとしての従来の固定した枠組みからではなく,ひとつのメディア・テクストとして,その受け手自身が実践する理解に密着した形式でニュースの分析枠組みを求めること,それがまず本稿の目的とすることである。

　議論を進める前に,本論が対象とする番組に取りあげられていた,米国産牛肉輸入停止問題の経緯と背景を簡潔に振り返っておこう。

表1 米国産牛肉輸入問題 報道の流れ

日 時（日本時間）	報道の概要	で き ご と
2003年12月24日		米国で初のBSE感染牛。農林水産省と厚生労働省は米国産牛肉の輸入を全面停止。
2005年12月12日		農林水産省と厚生労働省が米国産牛肉の禁輸措置を解除。ただし，特定危険部位を取り除くなどの条件つき。
2006年1月20日		成田空港で検査官が米国産牛肉の箱から特定危険部位である脊柱を発見。ただちに米国産牛肉の輸入が再び全面禁止に。
1月22日	輸入牛肉に特定危険部位　自民幹事長　米を厳しく批判（NHK）	自民党の武部幹事長が，危険部位が見つかったことで，「アメリカは，日本人の食に対する繊細な気持ちを分かっていない」と厳しく批判。
1月23日	再開からわずか一ヶ月　米産牛肉輸入停止（テレビ朝日）	
	【データ2】"危険部位"が混入　米産牛肉再び輸入停止（フジテレビ）	（VTRによる報道内容） 小泉首相による国会で米国産牛肉輸入再開宣言について，中川農相による輸入プロセスに違反があったという発言を紹介。 輸入停止問題の引き金となった牛肉を出荷した米国の食肉工場をリポーターが訪問。食肉工場の職員が「技術的な誤解」があるだけとの見解を述べる。さらに食肉問題に詳しい弁護士が，日本からの電話取材に対して，アメリカの検査体制の不備を指摘。 日本の焼き肉店の店員や食肉業者とその社長が，米国産牛肉輸入停止により被害を被っていることを語り，米国産牛肉について「危険な感じがして買いません」と発言する消費者が登場。 米大統領の演説「今回アメリカ政府は混入について，日本側に直ちに謝罪した。しかし牛肉の安全そのものには問題はないという認識を示しており，早期の輸出再開を目指す構えだ」。 日本側の牛肉輸入対策委員会の委員が一連の出来事についてコメント。（以降に表3のトークが続く）
	米国産牛肉　危険な背骨がバッチリ（日本テレビ）	
1月24日		局長級会合で来日していた，ペン農務次官が安全管理の強化と再発防止策を説明し，会見の場で陳謝。ブッシュ大統領がカンザス州大学でアメリカ畜産協会に対して演説。
1月25日	米国産牛肉輸入停止　ブッシュ大統領　強気発言（テレビ朝日）	
1月29日		民主党のBSE問題対策本部の5名が5日間にわたってカンザス州の大手肉食加工施設など数箇所を視察。
1月30日		衆議院予算委員会で，民主党議員が，牛肉輸入再開決定前に，事前にアメリカに検査官を派遣するという閣議決定に従わなかった中川農相大臣の責任を問い，党として辞任を要求。
1月31日	中川農水大臣に辞任要求　米国産牛肉輸入問題で国会紛糾…審議中断（テレビ朝日）	

	閣議決定を変更!? 中川農水相「迷走」答弁（フジテレビ）	
		ボブ・グッドラッテ下院農業委員長が，民主党議員の視察団と会談に会見。「毎年アメリカに輸出されてくる日本車に欠陥があっても，すべての日本車の輸入を禁止するようなことはしない。それと同じことだ。」，「多くの日本人はアメリカの牛肉が安全だと思っている」等と発言。民主党の山岡議員は「今回のは単なるミスでアメリカのやり方に間違いない，科学的に考えてほしい一辺倒で平行線だった」と発言。
2月2日	米がBSE問題で一言「欠陥あっても日本車　禁輸しない」（テレビ朝日）	
2月3日	【データ1】泥沼の'米国産牛肉'問題（フジテレビ）	（VTRによる報道内容）衆院予算委員会での民主党松野議員「閣議決定を破って，輸入再開を決定したのは誰ですか」という質問に対して，中川農水相が「破ったかどうかは言葉の問題」と答弁。同じく民主党の家西議員が，厚生労働省が認可している医薬品の中に，アメリカ産の牛の内臓や骨などを原料とするものが19品目あることについて，川崎厚労相に質問，「治療上の効果はリスクを上回る」と回答。さらに民主党小川議員の「（危険部位が）入ってくるという結果を招いた責任があるでしょう」という質問に対して，小泉首相が「アメリカが日本との合意を順守しなかった」と答弁。大手食肉加工施設を視察した民主党議員団の山田議員が「荒っぽい印象を受けた」と発言した「脊髄液の処理法」について解説。同じく山岡議員「日本向けのことをなんでやらなきゃいけないんだ」「そんなことをしたら採算が合わないからやるつもりはないという」アメリカ側の姿勢を指摘。
	「米国産牛肉」安全の行方 '輸入停止'から二週間（フジテレビ）	
2月8日		アメリカ農務省の監査報告書により，調査対象の12の施設のうち，2つの施設で2004年6月から10ヶ月のあいだに，歩行が困難になったへたり牛20頭が，食肉として処理されていたことが発覚。衆議院予算委員会で民主党の川内議員が日本に入る可能性について，中川農水大臣に質問，「米国が牛肉輸入の条件を守ればへたり牛の肉が紛れ込むリスクは極めて低い」と答弁。
2月9日	米'ずさん管理'発覚「へたり牛」食肉に（フジテレビ）	ジョハンズ農務長官が会見し，「食肉処理直前に牛が移動していたら，ぬれたコンクリートの床ですべって骨折したのです。米国産牛肉に危険は見いだせないし管理体制は万全です」と発言。
2月10日	「検査後に'ケガ'…」'へたり牛'米が反論（フジテレビ）	自民党がカンザス州の食肉処理施設に視察団を派遣し，「危険部位の除去もプログラムに沿ってしっかり実行されている」と発表。
2月13日	米農務長官釈明 "へたり牛"は「骨折した牛」（テレビ朝日）	
2月17日		米農務省が米国産牛肉の出荷に関する報告書を提出。

BSE（別名「狂牛病」）は家畜伝染病の一種で，人間への感染は，BSE感染牛の肉を通じて伝達されるといわれている。内閣府・食品安全委員会による専門調査会の検討を経て米国産牛肉の輸入再開が決定したのは，輸入の全面停止から2年後の2005年12月12日のことである。輸入再開に際して，日本政府は米国側に(1)脳や脊髄など，BSEに感染するリスクの高い特定危険部位を取りのぞいた，(2)生後二十ヶ月以内の牛肉に限る，との条件を付した。しかしながら，輸入再開から一ヶ月後の2006年1月20日，成田空港の動物検疫所の検査官が輸入された米国産牛肉の箱のなかに，特定危険部位に指定されている脊柱の混入を確認した。日本政府側はこの一件を重大な協定違反であるとした。日本はただちに米国産牛肉の輸入を再度停止した。

　表1はその後の1月23日から2月17日までに情報ワイド番組で取りあげられた米国産牛肉輸入停止問題に関するリストである。情報ワイド番組は週末には放送していないため，ニュース番組では既報の問題であったが，翌週月曜日の1月23日が米国産牛肉輸入停止問題を各番組が報じた第1回目の放送となった。

2-3　成員性カテゴリー化分析

　表1で展開していたメディア報道について，これらを社会的な活動としてみた場合，リスクの存在をどのように見るかという活動として考えることができる。それは，たとえば輸入牛肉に危険部位が混入していることや，医薬品の中に米国産の牛肉を原料とするものがあったり，あるいは，米国に「へたり牛」というBSE感染の疑いのある肉牛が存在するといった事実について，それぞれにリスクが存在することを規定しようとする活動である。こうした人々は同時に「社長」や「消費者」など，さまざまな社会的活動を行なう「アクター」として映像上に記述されている。本論の目的からすれば，こうした活動が行なわれていることを単なる前提とするのではなく，特定の記述に従って「理解されること」自体を俎上に載せ，その過程を解明する必要がある。そのために，ここでは分析枠組みとして「成員性カテゴリー化分析（Membership Categorization Analysis，以降MCAとする）」を用いる。[3]

　前節の例で「赤ん坊が泣いていた。母親がそれを抱え上げた。」という言説を理解することが可能だったように，XとYをこのようにカテゴリー化することで，「赤ん坊」と「母親」が一貫して同じ「家族」という集合に属するものとしての適用規則が見られる。この一貫性規則をはじめとした，ある社会的な活動の記述

に関する，成員を持つ集合と成員への適用規則は合わせて「成員性カテゴリー化装置（Membership Categorization Device, 以降 MCD とする）」(Silverman 2001：81, Sacks 1974) と呼ばれ，その装置にしたがうことで，カテゴリー化されている対象どうしの関係と，それぞれが行なう活動どうしの関係について理解することが可能になっている。

　この例を「リスク」に関わる活動に即して見た場合，たとえば「赤ん坊」が飢えといった何らかのリスクにさらされることによって「泣いて」いるのであれば，それ自体がその「母親」についてのリスクとしても適用され，それに関与する活動が優先的にその「母親」に期待されるという理解がなされる。ここでは一貫性規則に加えて，それぞれの成員がさらに同じリスクを共有するという「チーム」としての性質を持つことになる。

　このことを逆に「リスク」という点から見れば，「母親」といった記述を行なうことで，「泣いている」こと自体を，母親自らの「リスク」として規定することや，さらにそれに関連した活動が，特定の成員性カテゴリーについて優先的に示されることになる。実際にマス・メディアにおけるテクストの多くは，このような MCD を用いることで，諸活動の関連を参照しながら言説どうしの関連の理解を一定に導いている。実際に冒頭のものと同様な見出しの例を分析したフランシスらによれば，この「母親」が「逮捕」されるのは，「餓死」というリスクを回避する活動に「母親」が関与することが優先的に期待されているためであると理解される。こうした MCD に基づく理解により，読者が見出しの情報を受け取ることができるのと同時に，送り手はこうした MCD の適用規則を参照しながらテクストにおける言説の関連を構成しているのである (Francis & Hester 2004)。

　以降の節では，表1に示したテクストのうちいくつかから，そこにおけるニュース・レポートとスタジオ・トークに見られる実践をさらに詳細に取り上げ，それぞれにおける言説どうしの関連をもたらすような間テクスト性が，いかなる活動の関連に即した形で成立しているかを，MCA によって分析する。

3．分析

3-1　カテゴリーに基づく間テクスト性の構成

　先に見た「リスク」に関わる記述として，以降では「日本」というカテゴリーに関わる語を中心に見ていく。後に見られるように，この問題はあくまで特定の

表2 【データ1】「特ダネ！」2006年2月3日放送

カット	映像説明（固定してない字幕）	固定字幕	音声
1	牧場にいる小川社長の写真		ナレーター：また去年九月　アメリカで　独自に調査を行なった
2	すき屋店舗の全景		大手牛丼チェーン店すき屋は安全性の
3	店内の様子（牛丼を配膳）	「米国産牛肉」安全の行方 '輸入停止' から2週間	確認ができないとして　アメリカ産牛肉の使用を
4	話をする小川社長（無音声）	3と同じ	見送っている(.)
5	机の向こうに座る小川社長「「すき屋」を経営するゼンショー　小川賢太郎社長」「日本の消費者には安全とは言えないので」	3と同じ	社長：日本の消費者に対してぇ安全ですよ《両手を前に出す》(.)食べてくださいとは　とてもまだ言えない《手を振って下ろす》んですよね(.)ということが分かった以上は
	「「すき屋」を経営するゼンショー　小川賢太郎社長」「現時点では使いたいけど使えない」	3と同じ	やはり現時点では(.)　う：ん残念ながら(.)ほんとは《両手を出す》つ, 使いたいけどね(.)
6	現地で撮ったとみられる写真6枚の俯瞰「「すき屋」を経営するゼンショー　小川賢太郎社長」「現時点では使いたいけど使えない」	3と同じ	う：ん使いたいんだけど, やはり使えない(.)
	「「すき屋」を経営するゼンショー　小川賢太郎社長」「早く安心して食べられるようにしてほしい」	3と同じ	はやく：安心して：食べられるようにshhh(.)ね：アメリカも
7	小川社長バストショット「「すき屋」を経営するゼンショー　小川賢太郎社長」「早く安心して食べられるようにしてほしい」	3と同じ	してほしいですね(.)結局それがアメリカ畜産業界のためにもなるんですよ
8	登壇するグッドラッテ委員長「米下院農業委員会　グッドラッテ委員長」	3と同じ	ナレーター：《効果音のあと》だがアメリカ側は
9	マイクの向こうのグッドラッテ委員長「米下院農業委員会　グッドラッテ委員長」「3箱程度の検査ミスでは輸入全体を禁止する理由にならない」	3と同じ	Goodlatte: Three boxes of beef should not be basis for《手を広げる》(.) closing out entire market
10	マイクの向こうのグッドラッテ委員長「米下院農業委員会　グッドラッテ委員長」「毎年数代（ママ）の欠陥車が混ざっていても」	3と同じ	The United States《手を大きく広げる》doesn't say(.) we gonna bar:

11	「米下院農業委員会　グッドラッテ委員長」「アメリカは日本車の輸入全面禁止はしていない」	3と同じ	all Japanese vehicles from coming to the United States because we find some(.)every year.
12	ブッシュ大統領スピーチ「ブッシュ大統領」「こんなにうまい肉を食べられない日本人はかわいそう」	3と同じ	Bush: was you're missing out on some Kansas beef.《観衆の笑い声。続いて拍手》
13	網に乗った焼肉「日本の焼肉店では―」「新宿ねぎし　渋谷公園通り店」	3と同じ	《店内の音》
14	カウンター前の支配人　「新宿ねぎし　内田昌孝　支配人」「アメリカ産はオーストラリア産よりもやはりおいしい　味がある　うま味がある」	3と同じ	支配人：オーストラリア産よりも：やはりおいしい：と(.)まあ，あの：味がある　旨味がある
15	食事中の客に対してマイクを持った手「消費者は―」「安全ということがわかれば食べたい」	3と同じ	消費者1：またあの：安全ということがわかったら食べたいと思います。
16	別の客に対してマイク　「消費者は―」	3と同じ	消費者2：安全が完全に百パーセント：(.)なってくれれば：食べても：(.)いいですけど：やっぱり(.)
17	「少しでも安全性に問題があれば食べたくない」	3と同じ	少しでも：(.)安全性がなければ食べ：られないですね。《小さくうなずく》
18	輸入された牛肉の写真　「提供：動物検疫所　成田支所」	3と同じ	ナレーター：アメリカ産牛肉から(.)除去することが義務づけられた脊柱が見つかり，
19	背骨部分の拡大　「提供：動物検疫所　成田支所」		政府が輸入停止に踏み切ってからすでに二週間(.)
20	ソフトフォーカスされた食肉加工場風景　「イメージ」		その原因について
21	ソフトフォーカスされた食肉加工場風景　「イメージ」		アメリカ政府から正式な報告があるまで，
22	ソフトフォーカスされた飛行機に積み込まれるカーゴ　「イメージ」		輸入停止を続けるという(.)
23	箱に入った牛肉を検査する作業員（ソフトフォーカス）ときどきフラッシュらしき光		

　疫病リスクに関する「政府間交渉」として発生したにも関わらず，表1の1月22日の武部発言からすでに見られるように，「日本人」または「日本」（そしてそれに対する「アメリカ」）という単なる政治的なアクターに留まらないことばの適用が一連の言説について見られている。

　まず，表2の【データ1】にあるような2月3日のテクストを見ていく。これ

は,『「米国産牛肉」安全の行方'輸入停止'から二週間』と題された，この時点で過去２週間に起こったことについての十五分にわたるニュース・レポートの最後の部分である。このレポートを構成するものとして，ここでは大きく見て三種類の活動とそのアクターがいることを観察することができる。

一つは,「リスクの存在を規定する」という活動である。表２のカット１からカット７について，ここでは独自に視察をした大手牛丼チェーンの社長が,「日本」の消費者に対しては「食べてくださいとはとてもまだ言えない」として,「アメリカ」のリスクの存在を規定するアクターとなっている。また表１にあるように，この部分の前には，民主党のBSE問題対策本部のメンバーが，アメリカの食肉加工場を視察した後で，危険部位である脊髄液除去の方法における「アメリカ」のリスクの存在を指摘するという，同様のアクターとして登場している。

第二は，リスク規定という活動に対して関連して行なわれる,「リスクを再規定する」という活動である。同じ表２のカット９から12については，異なった時間に異なった場所で行なわれた二つの発言の模様が引用されている。一つは「アメリカ側」のグッドラッテ米下院農業委員長によるもので，１月31日に同じ民主党の対策本部のメンバーと懇談した後に語ったものである。もう一つは同じ「アメリカ側」としてカンサス州立大学で１月24日にブッシュ大統領が講演した後の質疑の時間に，米国畜産協会の元会長の質問に回答する形で語ったものである。このように，それぞれの言説は，元々異なった活動として行なわれたものである。しかし，このニュース・ストーリーを構成する場面においては,「日本」は米国産牛肉に対してリスクがあるとし，一方で「アメリカ」はそのリスクをそのままの形ではリスクとして指摘しない，という相互行為上の順番（ターン）を占めている。また同時に，このような「規定に対する再規定」という活動について，それぞれのアクターが「日本」と「アメリカ」という対になるカテゴリーに属するという理解が行なわれている。

そして第三に，その再規定に対してさらに「リスクの存在を再々規定する」という活動がなされている。表２のカット15から17では,「日本」の焼肉店における二人の消費者がこの再規定に対応する形で,「少しでも安全性がなければ食べられない」という，米国産牛肉に対する安全性への厳格態度を表明しながら,「再々規定」という活動を行なうアクターとなっている。

すでに第二の活動で見たように，以上の三種類の活動に関する，それぞれのアクターの言説は，異なった時間に異なった場所で行なわれたものであり，それぞ

れが個別のテクストとして見られるのにも関わらず，それぞれの言説が「規定－再規定－再々規定」という関連付けを持って構成され，一つの「間テクスト性」を成立させている。逆に，このような間テクスト性により，受け手はこの一連の言説を，カテゴリーを参照しながら一つの相互行為上の連続性（シークエンス）をもった「ストーリー」として理解するのである。

　このような間テクスト性における言説どうしの関連付けは，さらにどのような諸活動の関連の中でもたらされているのであろうか。そこから，あらためて個々の言説についてみた場合，成員性カテゴリーと結びついた「リスク」に関する二種類の活動が観察される。カット9から11についてなされたグッドラッテ委員長による言説は，それらの活動を対照的な形で示すことで，このMCDに基づいた理解をそのまま示している。つまり，「日本」というカテゴリーに関わるものは，「リスクの存在」そのものを指摘するという活動に優先的に関わる資格を持つ，すなわち「リスクをリスクとして指摘する」のであり，逆に「アメリカ」というカテゴリーに関わるものは，「リスクの存在」を否定はしないものの，それを指摘することに対しては（あくまで日本というカテゴリーに相対的な形で），それに関わることはしないのである。このような理解があるからこそ，わずかな欠陥に対して輸入禁止という厳格な対応を行なう活動が，「日本」というカテゴリーに対応し，「3箱程度の検査ミスでは輸入全体を禁止する理由」としないという，寛容な態度としての活動が，「アメリカ」というカテゴリーに結びついて適用されるのである。MCDはこのように，単なる対象どうしの関係だけではなく，たとえば「母親」が「抱き上げる」といった，特定にカテゴリー化された対象とその活動どうしの優先的な結びつき（category bound）についての理解をもたらすものでもある（Silverman 2001：80）。

　このことをMCDの方から考えると，表2の一連のテクストに見られる言説それぞれの活動が，「日本」「アメリカ」という特定のMCDと一貫して結びついていることが観察できる。すなわち，カット1から7について「社長」が行なっているのは，「アメリカ」によって「日本の消費者」にもたらされるものとしての「リスク存在の規定」であり，カット15から17にいたる言説は，実際に「日本の焼肉店」で消費者である客が行なっている「リスクの再々規定」として，それぞれの「リスクの規定」という活動は「日本」というMCDについてそれぞれのアクターに，いわば優先的に担われている（incumbent, Jayyusi 1984：22）のである。このような点から，カット17における「少しでも安全性がなければ食べられない」

という言説は，グッドラッテ委員長の言説とともに，「日本」というMCDに一貫して結びつく厳格な対応であることが理解される。

　こうしたMCDに結びついたものとしての活動は，さらに字幕といった個々のテクストそのものの構成についても見られる。この点からカット12の米大統領による発言とその字幕による翻訳に注目すると，「肉を食べられない」という言説に提示されているのは，単なる輸入禁止に伴う結果ではなく，「日本」というMCDと結びつく「リスク規定」の活動と関連しながら行なわれる，「(リスクを認識しているために) 肉を食べられない」という活動である。これに対して，「うまい (肉)」という言説は，「アメリカ」というMCDに結びつくものとして，単なる牛肉の評価ではなく，「リスク自体を指摘しない」という活動の結果から，牛肉を記述しているものとして観察することが可能となる。

　このように見たとき，カット12の原文にあるブッシュ大統領の"You are missing out…"の"You"は，「日本人」を示すものとして理解できるのであるが，これを独立したテクストとして講演録で見ると，この原文の前には，他の報道などから「小泉首相や韓国の盧大統領に会ったときに言ったんだよ」という意味の発言が確認されている (washingtonpost.com，2006年1月23日付講演録より)。そこから，カット12の言説における"You"に，「日本人」という翻訳上のことばが関連付けられていることについて，それを単なる誤訳としてみることも可能である。しかしながら，ここで問われるべきなのは，こうした「不正確さ」があるにもかかわらず，カット12の言説を表2のテクストにおける然るべき場所に配置し，なおかつ一つの「ストーリー」として理解することが可能になっている，そのことである。

　そして，このような理解についても一貫して適用されているのが，「日本」および「アメリカ」というMCDなのである。ここでカット12にあるもう一つの原文との違いに注目すると，「肉」とは原文では"Kansas beef"なのであって，少なくとも「うまい」という言葉に相当するものは見当たらないことが観察される。やはりそれでもなお，こうした翻訳というテクストを関連させることが可能なのは，先に見たようなMCDによって，"Kansas beef"は「アメリカ」という集合に属するためであり，単なる一州の牛肉ではなく，「アメリカ」による「リスクの再規定」に基づいた「米国産牛肉」を代表させているという活動として理解されるがゆえに，省略可能となる。逆に，必ずしも「こんなにうまい肉」が何を指しているのか明示されていなくても，これが「アメリカ」の肉を指している

ことが分かるのも，前後の言説のシークエンスとともに，こうしたMCDによっていることが理解できる。一方で，「アメリカ側」の活動が単なるリスクの全否定でなく，「再規定」として見えるのは，カット12の「うまい」という表現と対応して，さらにカット14での「日本」における「支配人」の発話の「おいしい」という言説がこの後に関連しているためである。そのことから，これらの「規定－再規定」という関連は，相手の議論を引き取って，それにさらに自らの立場からの論点を加えることで対立を生じさせるという議論（対話）の形式に則っているように理解される。したがって，「支配人」の発言はそのまますぐに「日本」というMCDに結びつくのではなく，一方でカット9の「三箱程度」という表現がカット16の「完全に百パーセント」という表現に対応することと関連しながら，このような議論の中での「日本」による「再々規定」の活動を導くものとして理解できるのである。

　以上から，ここでは元々異なる時間と空間で行なわれた言説が，「規定－再規定－再々規定…」という関連付けとして一つの相互行為上のシークエンスをもって構成されていることが観察された。そのような構成は，あくまで「日本／アメリカ」というMCDの実践によって，それぞれの言説における諸活動が関連することによってもたらされているのである。このような間テクスト性において，「翻訳」という言語（テクスト）もまた，それに適切な形式として構成されていることが見てとれる。このようなことは，それぞれのアクターが行なう活動として，表1での見出しの時系列的な関係や言説どうしの構成についても同様に行なわれていると考えられるのである。

3－2　「違い」としてのリスク

　以上のように，複数のテクスト間において，リスクの「規定－再規定」という活動の関連がMCDによってもたらされる一方で，異なった時間における複数のテクストを横断しながら，「日本」と「アメリカ」という同一のMCDが一貫して適用されていることも観察される。この点を表3における「スタジオ・トーク」の【データ2】について見よう。

　このテクストは，【データ1】からさかのぼる1月23日の【データ2】において，輸入再開された牛肉に危険部位が見つかり，再び輸入禁止になったというVTR（表1の報道内容参照）を受けて，番組の「ご意見番」である諸星桜美林大学大学院教授がコメントをしたものである。カット1から4にかけて「意識の違い」

表3 【データ2】「特ダネ！」2006年1月23日放送

カット	映像説明 (固定してない字幕)	固定字幕	会話
1	スタジオ 座っている司会者2名の正面2ショット	ご意見番 桜美林大学大学院教授 諸星裕	小倉司会：うーん　諸星さん，この騒ぎどう見ます 諸星教授：　　　　　　　　［はい
2	諸星教授の半身アップ		諸星教授：あのね：あの：やはりアメリカ人がですね：その：自分たちが　ほんっとにこれが必要だと思っているかどうかというところ　そこの部分の差でしょうね，
3	スタジオ右側から出演者5名の並ぶアングル		諸星教授：基本とね 小倉司会：ん：
4	諸星教授の半身アップ		諸星教授：あの：(.)ま(.)武部さんなんかは，要するに，ニホンの，ニッポン人が考えるニッポンの食文化をどういう風に思ってるんだという：形でおっしゃってましたけど，
5	倉庫内部「回収された米国産牛肉」「きのう大阪・茨木市」	「焼肉店・スーパーも困惑」「米産牛肉再び輸入禁止」	諸星教授：まさにそういうことだと思うんですが(.)意識の違いですよね　とにかく　アメリカの中では
6	牛肉のパックの映像「回収された米国産牛肉」「きのう大阪・茨木市」	5と同じ	諸星教授：ま，30ヶ月までの牛なら別に何の部位も除去しないで　食べていいわけですから＝
7	ラベルのアップ（米国産　バラ）「回収された米国産牛肉」「きのう大阪・茨木市」	5と同じ	小倉司会：＝日本はしかも［にじゅっかげつ］ 諸星教授：　　　　　　　　　　［にじゅっかげつ］(.)
8	ラベルのアップ（米国産　ハラミ）「回収された米国産牛肉」「きのう大阪・茨木市」	5と同じ	諸星教授：そして(.)その(.)［ペナルティを特定しなくちゃいけない］ 小倉司会：　　　　　　　　　　　［特定な部位，特定な部位があるとこですね］ 諸星教授：はい
9	ラベルのアップ（米国産　ロース）「回収された米国産牛肉」「きのう大阪・茨木市」	5と同じ	諸星教授：ですからあまりにも違いすぎるために　現場でその：作業をしてる方々の中に《息を吸う》
10	諸星教授の半身アップ		諸星教授：ほんとにこんなこと必要なのかよ　〈以下省略〉

トランスクリプトの記号凡例
・：は音声が延びている部分。
・(.)は沈黙を示す。
・hhは言語以外の発声を示す。
・＝は直前の会話と間髪入れずにつぎの会話が始まったことを示す．
・［は会話同士の重なりの導入箇所，］は重なりの終了箇所を示す．
・《》内は動作を示す。

を示すこの活動において，諸星教授は「日本人」と「アメリカ人」というアクターを言説の中で対立させながら，リスクの認識に関する活動について，後者にとっては「ほんっとにこれが必要かと思っているかどうか」で，前者にとっては「食文化」に関わるものとするなど，かなり直接的な形でMCDを適用しているように観察される。

　しかしながら，このような言説は，個別に完結しているのではなく，「スタジオ・トーク」という場面の中で，他のアクターによる言説との関連をもたらされていることが注目される。諸星教授が，アメリカの肉牛で食用可能なものの月齢が30ヶ月にされていることに言及した後のカット7において，番組司会の小倉氏は諸星教授の発話に介入する形で，「日本はしかも20ヶ月」という言説の関連付けを行なっており，さらに小倉氏による「20ヶ月」という発話の部分で，同教授は同時に同じ発話を行なうことで，結果としてもう一つの「介入」を行なっている。

　会話分析からの知見では，通常の会話においては，一度に一人が話すことが優先され，複数の人間が同時に話すという事態を回避する活動が行なわれていることが一般に観察されている。これは「介入を回避する」という法則を単に示しているのではなく，こうした活動の優先性を人々が利用しながら，場面独自の活動を行ない，その活動を場面の中で意味づけていることを示すものである。同じく会話分析からの知見では，他人の発言中に積極的に介入を行なう場面も観察されているのであるが，それは相手が言いよどんでいる時に「支援」をしたり，一つの文章を協同で作成して「共感」を示したり，同じ結語を同時に言うことで「合意」を示したりするなど，その場面で意味を持つ活動を行なっているものとして観察されている (Lerner 2002：1-34)。逆に言えば，こうした優先性があるにもかかわらずあえて介入を行うということは，その例外的な活動自体によって，そこに何がしかの場面的な意味 (relevance) があることを呈示 (display) することになるのである。

　カット7に見られたこれらの「介入」もまた，「スタジオ・トーク」として，場面的な意味を提示しているものと考えられる。制度的な場面として見れば，「司会」が介入を行なうことは制度上の優先性として確保されているものである。その意味では「介入」そのものよりも，その活動が「この時点」においてなされていることが重要となる。すなわち「介入」によって「別の言説の関連付け」を行なうという活動がこの時点で行なわれることにより，それ以前に諸星教授によっ

て示された「違い」が，「月齢」としても観察可能にされることで，その意味を強調されていることがまず理解できる。しかしながら，この「月齢」を観察可能にする活動は，その冒頭で「日本は…」というMCDを用いることで，そのような区分の存在が，他のさまざまな「違い」とともに，それぞれのカテゴリーに一貫して結びついていることを場面として提示しているものと見ることができる。諸星教授がカット7での発話における結語部分で介入を行なうこともまた，「月齢」を強調するのと同時に，「この言説」における「この部分」へのMCDによる理解の適用への「合意」を示している。さらにカット9において「ですからあまりにも違いすぎるために」と諸星教授が発言しているのは，こうした一連の「合意」を確かめるものとしてとらえられる。

そして，このような場面としての「合意」によって，MCDに従った理解がこれに関わる「視聴者」にも提示されることで，「BSEリスクの規定」を「日本」と「アメリカ」による「違い」として観察する活動が当該の「ニュース・ストーリー」について達成されるのである。

3-3　「ニュース」としての公的な立場の構成

このようなMCDに関する理解に基づいて，実際に日米政府間で行なわれた言説との関連も構成されている。先に見たように，1月22日の時点で自民党幹事長の武部勤氏（2006年当時）は和歌山県で行ったスピーチのなかで，米国の対応を厳しく批判（表1参照）しており，翌23日の【データ2】のカット4でも「武部さんなんかは…」と述べているのは，このときのスピーチを参照しているものと思われる。

しかしながら，ここで観察されるのは，以上のようなMCDを利用しながらも，全体のメディア言説としては，政府間協議や国会答弁などと違って，このようなリスク認識の「違い」を示すのみで，それに対する責任の追及や批判といった行動が直接には見られていないという点である。そもそも，この「日本／アメリカ」というMCDとして示される中での主体が何を指すのかといったこともそれほど明確にはされていない。

ここで考えられるのが，むしろこのような「曖昧な」カテゴリーが適用されることによる，直接的な非難や一方の側への加担を回避する「ニュース」としての立場の維持である。先の見出しの分析において，フランシスらは，見出し部分自体に，母親への非難や，事件そのものへの評価（「これはひどい話だ」など）が一

般には不在であることを，「ニュース」に対する「評価」というターンを読者のために確保する実践として見ている。つまり，一つのメディア・テクストの内部でそのような非難や評価を直接に行為してしまうことは，その言説がさらに新たな言説を展開させ，視聴者に対してオープンな関係を示す可能性を損なうことになるのである。ハッチビーは実際にトークショーにおける司会と視聴者とのやりとりを分析することで，それが全体の言説として公共に対してオープンな関係性を示すように構成されていることを指摘している（Hutchby 2006）が，同様のことがMCDの適用についても行なわれていると考えられる。その関係性によって，私たちは，たとえ内輪ネタに終始するトークショーが井戸端会議のようであると思ったとしても，井戸端会議そのものとは混同しないのである。

　これは単に「テレビ」という「公共メディア」であるから前提としてそのような関係性を持つというよりも，活動上の関連をもたらす具体的な実践の中で，こうした一連の言説が公共に開かれたニュースとしての立場を維持された結果としてそのようになっていると理解することができる。実際に表1の1月23日における他の一部の情報ワイド番組では，「日本はアメリカにナメられている」という街の声を引き取って，司会が「ナメられている」と強く発言する場面も見られたが，司会にあるものがこうした「評価」を即断することは，視聴者側に確保されるはずの評価というターンを先取りし言説を個別なものとして収束させ，その結果自らと他者の発言をある意味で「私物化」する可能性を持つことになる。

　これに対して，MCDとしてリスクに関わる活動の「違い」だけを示す行為においては，「規定－再規定－さらなる規定…」というシークエンスとしての形式について，さらに「ニュース」として他の諸言説との関連を展開する部分をもたらしていると考えられる。ここにおいて，本稿で扱ったデータでは，字幕における翻訳や，司会によって構成されたトークといったそれぞれのテクストがそのMCDとしての「違い」を最も顕著にハイライトする形で構成されていたことが注目される。むしろこうしたアメリカ政府に対する非難といったものは，スタジオ・トークなどにおいて，あくまでそれ自体をトピックとした独自の相互行為場面として行なわれるもので，少なくともこうしたMCD自体が必ず責任とその明確な主体を含意するというものではなかった。本稿が見てきたものは，いわば前提となる理解についてのMCDを通じた実践とそれによるシークエンスの構成であり，そうした部分は必ずしも「トーク」であるといったジャンルや，特定の「情報モード」に還元されるだけでは明らかにしにくいものと考えられる。

4. 結論

　以上，本論では BSE を焦点とした牛肉輸入停止問題に関する報道での，ある「ストーリー」の構成を対象に，MCA を行なった。分析上注目されたのが，「日本／アメリカ」という MCD であった。結果として，BSE における「リスクの存在」について，それを「規定」する特定の活動が，「日本」という MCD と優先的に結びついた形で構成されることで，ストーリーの理解が成立していることが明らかになった。またその MCD により，「（米国産）牛肉を食べられない」といった個々の活動が「日本の消費者」といった特定のアクターに担われ，また「カンサス牛肉」が「うまい肉」と翻訳されたり，スタジオのトークによって月齢の「違い」がハイライトされたりするなど，時期の異なるテクストを横断して，同一の MCD に対応する形で言説が構成されていることが同時に明らかになった。また，この構成は一定の対話的なシークエンスの構造をもって理解を成立させていることが観察された。

　本稿は，いわゆる「リスク論」を直接考察するものではないが，このように考えた場合，リスクを規定するという現実の活動もまた，同様に MCD による実践と結びついているものと考えられる。タロックとラプトンは，従来のリスク論において専門家と一般の人による規定が異なることに注目し，一般の人々によって「リスク」というものがどのように定義されているかをインタビューによって研究した (Tulloch & Lupton 2002)。その結論として，人々のリスク言説は，個々のライフスタイルや居住地といった生活状況に大きく依拠してそれぞれに異なることがわかった。このことから，リスクを規定するという活動自体について，「専門家」や「外国人」など，そこで人々がどのような MCD を参照しながら，（自分自身を含めた）どのようなアクターにその活動を優先的に担わせるかにより，「リスクの存在をどのように見るか」が構成されることが示される。

　一方，「情報ワイド番組」におけるこのようなメディア・テクストの構成過程は，それ自体ができごとを理解するための一定のやり方であると同時に，いわゆる「ニュース」として，公共空間に展開する諸言説を当該言説の理解に関与させる方法であるとも考えられる。したがって，このような MCD の適用という行為実践そのものに立脚しながらテクストの構成過程を見ることで，番組に関して，その言説に関わる「公共性」といった社会関係を判断することが可能になる。そこから，

たとえば公共に開かれた番組としての立場を維持しているのか，あるいは「司会」や「ご意見番」といったものの活動上の適切な役割がいかなるものであるのか，といったことに洞察を向けることは，番組を制作したり，視聴したり，評価したりする実践について，新たな分析的視点を提供することになるだろう。

その点から，本論は単なる一方からの「批判」という観点とは異なり，テクストの関連付けを理解させる場面での，MCDを参照した社会的な活動の関連についての実践，という相互的な行為の視点を提供できたものと考える。それこそが，実際にひとびとが「見ている」ものではないだろうか。

注
（1） 『朝日新聞』2002年7月6日朝刊に実際に掲載されたもの。
（2） 『スポーツニッポン』2005年12月3日インタビュー，「いま，この人2　鈴木宗男議員」より。
（3） 成員性カテゴリー化分析とは，日常社会における人々の理解について洞察する社会学である，エスノメソドロジーにおいて用いられている分析方法である。具体的には，ある「できごと」の場面で人々が実際に用いている個々のことばをそれらのやりとりの連続性に即して見ていくことにより，その場面の成員の間でどのような相互理解が成立しているかを，MCDを通じて分析するものである。本稿の場合も，まず「日本」といったことばの使用に着目して分析を始めているように，なぜ「課長」ではなく「母親」といったカテゴリーが使われるのかという一定の原理ではなく，当該のことばを使用することによって，カテゴリーを通じて理解することがどのような適用規則に従って行なわれているか，というプロセスが分析の対象となっている。したがって，「日本」というカテゴリー使用の前提については，さらにその文脈的な構成過程について詳細に示す必要があるとも考えられるが，紙幅の関係でここでは本稿に紹介された相互の言説が，そのようなカテゴリーに関することばを共通に使用しながら構成されていることの指摘にとどめている。

引用・参考文献
Fairclough, Norman (1992) *Discourse and Social Change*, Polity.
Francis, David & Stephen Hester (2004) *An Invitation to Ethnomethodology*, Sage.
伊藤守編 (2006)『テレビニュースの社会学』世界思想社
Jayyusi, Lena (1984) *Categorization and the Moral Order*, Routledge & Kegan Paul.
Lerner, Gene (2002) Turn-sharing : the choral co-production of talk-in-interaction. In Ford, Fox & Thompson (eds.), *The Language of Turn and Sequence*, pp.225-256. Oxford University Press.
Tulloch,John & Lupton, Deborah (2002) *Risk and Everyday Life*, Sage.
Lynch, Michael & David Bogen, 1996, *The Spectacle of History: Speech, Text, and Memory at the Iran-Contra Hearings*, Duke UP.

Sacks, Harvey (1974) On the Analyzability of Stories by Children. In Turner (ed.) *Ethnomethodology*, pp.216-232, Penguin.
Silverman, David (ed.) (2001) *Interpreting Qualitative Data* (2nd edition), Sage.
山腰修三 (2005)「「新自由主義」に関するメディア言説の編制――朝日・読売両紙における電電改革報道」『マス・コミュニケーション研究』67：123-139
"President Bush Speaks at Kansas State University", http://www.washingtonpost.com/wp-dyn/content/article/2006/01/23/AR2006012300931.html

2006年度秋期研究発表会 ワークショップ報告

ワークショップ・1
メディア文化における身体表象

司　会　者：田中東子（早稲田大学）
問題提起者：瀬山紀子（ビデオ塾／お茶の水女子大学大学院），
　　　　　　柄本三代子（東京国際大学）
討　論　者：岡井崇之（法政大学）

　本ワークショップでは，「身体表象」をひとつの切り口として，具体的な映像資料や研究を題材に，「メディア文化」における身体表現の今日的ありようと問題点についての討議を行った。「身体」というのは，生殖や欲望という点ではジェンダーやセクシュアリティなどと密接に関わる一方，昨今では，メディア文化を通じて身体が表象される際，「健康」／「病気」，「健常」／「障害」といった身体知の生産に，科学言説が深く関わっているという問題含みのテーマである。

　今日のメディア表現の中に，身体の良し悪し，理想化されるべきイメージと処罰されるべきイメージといった規範があるのではないか，特に，映像という視覚メディアの中で，見ている人びとに強烈な規範として働きかける力があるのではないか，また，身体への規範として働くようなイメージが，消費行動へと吸い寄せられ取り込まれていく契機となっているのではないか，という問いから2人の問題提起者に発表していただいた。

　1人目の問題提起者は，映像制作者の瀬山紀子氏である。瀬山氏は，ドキュメンタリー映像の制作者として，マスメディアとは異なる切り口で身体の表象を行ってきた実践者の立場から，マスメディアの中で，いかに「マイノリティの身体」

が切り捨てられ排除されているかという問題を提起した。ご自身が制作された『中国・武漢に生きる元朝鮮人「慰安婦」河床淑さんの証言』を見ながら，ミニメディアによる批判的な表象活動の可能性と限界について明らかにしてくれた。

　2人目の問題提起者は，柄本三代子氏である。柄本氏は，身体そのものの表象というよりも，昨今，テレビ番組のコンテンツとして，また消費を喚起する起爆剤として重宝されている「健康な身体」という言説が，いかに科学的な外装をまとってメディアの中を流通しているのか，という点について具体的な映像資料を示しながら問題を提起してくれた。特に，情報娯楽番組の中で流通している健康言説に焦点をあて，マスメディアの作り手，司会者，ゲスト，専門家などが，具体的にどのようなやりとりを通じて健康イデオロギーを生成させているのか，という点について明らかにした。

　瀬山氏と柄本氏の発表を受けて，討論者の岡井崇之氏からは，そもそもメディアの中で表象されている身体のイメージというものは，はたして「からだ」そのものであるのかどうか，という根本的な争点が提起された。またマスメディアへの対抗的な言説の生産としてのドキュメンタリーフィルムの制作の効果を認めた上で，しかしながら，日常生活へのマスメディアによって表象される身体イメージの侵入というものを追いかけていく必要があるのではないかとの問いが出された。

　これらの発表を受けて，フロアーからも「リアルな身体表象とはなんであるのか」，「リアルな身体とメディアの身体とはなにが違うのか」，「メディアにおける身体表象の意味をずらすよりも，日常の場における関係性のフレームをずらしていくべきではないのか」，といった質問が投げかけられ，問題提起者との間で活発な意見交換が行われた。最後に，身体表象とメディア文化との関係についての議論は，端緒に過ぎないため，今後も継続的に，具体的な事例に沿いながらこのテーマを扱う研究が必要であろう，という点が確認された。(参加者40名)

（田中　東子）

ワークショップ・2
新聞と新聞マンガを考える

　　司　会　者：岡部拓哉（無所属）
　　問題提起者：茨木正治（東京情報大学）・
　　　　　　　　重吉知美（立教大学大学院生）
　　討　論　者：清水勲（帝京平成大学）

　新聞マンガは，新聞の中で大きな役割を果たしてきたが，長い歴史を持つ新聞研究にあって新聞マンガをとりあげた研究はほとんど見られず，また「マンガの多様化」の中で新聞マンガをどのように位置づけすべきかが，いまだ不確定である。新聞メディアの研究には，記事・論説という活字部分のみならず，写真・図表・イラスト・マンガという画像部分の総合的研究が求められる。そこで，新聞マンガの現状と，多様化したマンガ研究の現状を踏まえ，新聞マンガの諸問題の検証が本ワークショップの狙いである。

　まず，茨木正治会員より「政治漫画」の沿革と現状が提示された。政治漫画は政治上の出来事を伝えるのみならず，当事者の心理，性格の描写など，政治の主観的側面も描写するものである。政治面・総合面の掲載が多く，その紙面のコラムや記事も関連性をもつファクターであること。現在の政治漫画減少の原因として，新聞よりも風刺性のある他媒体の存在や，新聞の風刺性の減少を挙げ，読者を想定した「読み」の構造の把握の必要性を指摘した。

　次に重吉知美会員が，社会学者によるマンガ研究の現状を提示した。新聞マンガが研究される例が少ない理由として，コミック文化への関心の強さ，サブカルチャー研究の材料としてのコミックがもつ大衆性を挙げ，また新聞マンガを研究するうえで方法論や具体的な対象の設定が困難であることを指摘した。また，新聞とコミックの新たなビジネスモデルの可能性を挙げ，新聞マンガのコミック化の中で，新聞マンガがもつ風刺性の維持に疑問視し，新聞マンガの研究の方向性と可能性を示唆した。

討論者である清水勲会員は，発行部数拡大を目的とした大正〜昭和初期の新聞マンガの役割や，戦争期や大不況がマンガを活気づけた一因であることを示した。冷戦構造の終結で風刺漫画は活気を失い，言論の自由が無い時代のほうが風刺性は面白く，他メディアの台頭や魅力ある政治家がいなくなったことで，風刺マンガの役割が少なくなったと示した。マンガ表現は芸術でもあり，天才の出現で活気づけられる面も指摘した。また，政治漫画と同じ作用がある新聞4コママンガについて，読者に考えさせる面がありつつも，4コマでは設定されたキャラクターによる主張の違いがあり，作者が主張する1コマでは，コマが痛烈に批評できる機能があることを提示した。

　今後の新聞マンガのあり方として，清水会員からは，雑誌に見られるわかりやすく端的なカトゥーンを例にし，コミック世代を意識する必要性が提示された。また，マンガ家への提言として，新聞マンガはコミックと異なり，読者側が感想を述べることは稀なことであるため，漫画家自身が別媒体を使い，新聞マンガの限界を飛び越える新たなメディアへのアピールの必要を訴えた。また読者側にも，表現されたカトゥーンに対する批評を出す必要性を訴えた。

　会場での議論としては，だれでも分かる風刺が不可能である現状や，媒体の違いと風刺漫画との違いを分けて，風刺のあり方の考えを見直す必要があるとの意見や，新聞マンガを読者がどう読んでいるか，調査・研究がされていない現状において，読者側の研究が必要であるとの意見が出された。また，新聞の中における視覚要素の分析が新たな新聞研究の方向性になるのではないかとの意見があった。

　本ワークショップでは，新聞研究はもとより，マンガ研究に携わった研究者の参加もあり，新聞の中の視覚要素のとらえ方や，作者や，受け手への提言など，多くの領域での研究に基づいた議論が行われた。今後の新聞研究の新たな視点として，今後も議論されることを期待したい。（参加者10名）

（岡部　拓哉）

ワークショップ・3
災害・事故・事件報道にみるジャーナリストの惨事ストレス
――ストレスケアシステムの構築をめざして――

司　会　者：小城英子（聖心女子大学）
問題提起者：板村英典（関西大学大学院生）・
　　　　　　福岡欣治（静岡文化芸術大学）
討　論　者：徳山喜雄（朝日新聞），飯室勝彦（中京大学）

　大災害や大事故において，直接的な被災者や被害者だけでなく，彼らを支援する人やその惨状を目撃した人びとにも強い心の傷を残すことがある。被災地や事故現場において取材活動を展開するジャーナリストも何らかの形で「現場」を共有し，悲惨な現場や惨状を目撃しており，間接的に被災者となり得る。

　まず，本ワークショップの企画・提案をした小城英子会員より，惨事ストレスの研究背景や，間接被災者の範囲などについて，心理学の領域から紹介した。次いで，板村英典会員からジャーナリズムにおけるストレス研究のレビューとして，ジャーナリズム論やマス・メディア論にみる「ジャーナリストのストレス」の概観，分類が報告された。ジャーナリズムにおけるストレスは，主に，テロ・戦争報道，事件・事故・災害報道，企業・組織内の労働環境，ジャーナリズムと倫理の4点から取り上げられている。特定のトピックに付随して語られることが多く，体系的にまとめられた研究はほとんどなく，ジャーナリストの労働環境それ自体に注目する研究は少数である。また，ジャーナリストのストレスは，ジャーナリスト自身が被害者・犠牲者となったり，凄惨な状況の取材現場を目撃する「惨事ストレス」と，職場において普段の業務に伴う「職務ストレス」とに分類される。最後に，ジャーナリストのストレスケアは，ジャーナリズムの質の向上に寄与し得るもので，早急に取り組むべき課題であることが指摘された。

　板村会員の問題提起を受けて，福岡欣治会員から，放送・新聞のジャーナリスト30数名を対象とした聞き取り調査の結果から，ジャーナリストの惨事ストレ

スの実態について報告された。調査対象者の半数は惨事ストレスを強く経験しており，それは，日常的な職務ストレスとも結びついているが，組織的なストレス対策は未整備である。上司からのサポートやストレスのコントロールなど，上司の役割の重要性が指摘されたが，一方で，惨事ストレスはジャーナリスト自身が乗り越えるべき課題であり，ストレス耐性やストレス・コーピング・スキルがジャーナリストの資質と認識されている傾向が強かった。今後の展望として，職務特性や職場環境の分析，他の職業との比較，ジャーナリストの価値観に沿う提言，ジャーナリストおよび社会の教育の必要性などが挙げられた。

　以上の問題提起ののち，1人目の討論者として，徳山喜雄会員からジャーナリストのストレスの背景に，メディア環境や職場環境の変化，プライバシー意識の高まりや公権力の圧力，戦争やテロなどの大規模な惨事のみならず，日常的に災害・事件・事故の取材に関わる職務特性などが挙げられた。ジャーナリストのストレスケアについてより充実した研究成果を得るために，研究者と報道現場との連携の重要性も指摘された。2人目の討論者である飯室勝彦会員からは，自身のジャーナリストとしての経験をふまえ，ジャーナリズムを取り巻く環境の変化，取材対象者の権利意識の高まり，ジャーナリストやジャーナリスト志望者の性質の変化，社内の人間関係の変化などが指摘された。その後，フロアとの意見交換では，惨事ストレスと職務ストレスの区別の必要性，放送局と制作会社の関係，スタッフとフリーランスの違い，ジェンダーの問題などが議論された。

　本ワークショップでは，主に心理学を中心としてきたストレスケアの研究を，ジャーナリズムの分野に適用するものであるが，これまでのジャーナリズム研究ではほとんど注目されてこなかった視点であり，産学協同の研究プロジェクトとして意義深い。(参加者10名)

　　　　　　　　　　　　　　　　　　　　　　　　　　　(小城　英子)

> ワークショップ・4
> # CATV の 50 年間
> ――コミュニティ・チャンネルは根付いたか――
>
> 司　会　者：牛山佳菜代（カリタス女子短期大学）
> 問題提起者：石黒　公（シンクレイヤ）・
> 　　　　　　川又　実（NPO法人地域メディア研究所）
> 討　論　者：岩佐淳一（茨城大学）

　CATV が山村僻地のテレビ難視聴地域における「地域コミュニティ施設」として日本に登場してから 50 年が経過した。今日では，双方向機能を活用したさまざまなサービスも提供されるようになり，その様相が大きく変化していることは周知の通りである。一方で，CATV と地域コミュニティをつなぐ回路であるはずのコミュニティ・チャンネルは，局の合従連衡が進む中で規模縮小や廃止される場合も見られるようになった。このような状況においては，コミュニティ・チャンネルの意義について改めて問うことが必要になるが，コミュニティ・チャンネルの意義そのものについて包括的に議論される場はさほど多くはないのが現状である。そこで，田村会員・林会員の企画のもと，本ワークショップにおいては，CATV が歩んできた 50 年間を振り返った上で，コミュニティ・チャンネルの意義について検討することを狙いとした。

　まず，石黒公会員は，CATV の技術的進展を踏まえて，コミュニティ・チャンネルの 50 年間を総括した。石黒会員は，日米の CATV が置かれた背景の差異を指摘した上で，今後の展望として，1) 地域情報の総合化，2) 自治体との連携の 2 点を掲げ，従来型の「テレビ放送」とインターネット・ブログ等のツールをうまく連動させることができれば，制作現場の意欲の向上や番組内容の充実に与える影響は大きく，「多様でニッチな地域情報メディア」に発展する可能性があることを指摘した。

　次に，川又実会員は，自らの制作経験や全国の CATV 局制作責任者を対象とした意識調査結果を踏まえ，制作者側から見たコミュニティ・チャンネルの現状・

問題点について報告した。川又会員は，制作者は「視聴者反応が少ない」「マンネリ化」等を感じているものの人手や機材が限定されているために抜本的な解決には至っていないこと等を紹介した。その上で，CATV局が今後巨大化することは避けられないことを指摘し，今後コミュニティ・チャンネルを発展させていくためには「CATVネットワーク」を活用することが有効な手段であると述べた。

次に，討論者である岩佐淳一会員は，1) 多くの住民に視聴され活用されているか，2) 住民による住民のためのコミュニティ・チャンネルになっているかの2つの視点を提示し，論点の整理を図った。1) に関しては，コミュニティ・チャンネルの活用度合いは地域風土やCATVのエリア規模により大きく異なることを指摘。2) に関しては，放送以外のツールを活用することで地上波テレビとは異なった地域独自の住民参加型番組ソフトを開発できる可能性があること，一方で住民は「活動の愉しみ」といったところから地域への自覚を深める可能性があることを指摘した。最後に，広域ネットワーク化がコミュニティ・チャンネルに及ぼす影響に関しては，流通情報量の増加や制作コスト低減等が可能になる一方，取材範囲の広域化に伴って地上放送の番組内容に近づくおそれがあり，CATV本来の地域「ドブ板」的情報から乖離してしまう危険性を指摘した。

その後，会場参加者を含めた討議を行った。本ワークショップにはCATVに関する調査・研究に長年携わってきた研究者が多く参加したことにより，会場よりこれまでの研究成果に基づく多くの論点が提示され，非常に充実した議論を展開できたことは意義深いことと考える。会場からは，検討すべき論点として，CATV局の制度的背景，農村型・都市型等の局が有する差異等が挙げられた他，日本のCATV局に見られる問題点として番組制作者の意識が醸成されていないこと，地域コミュニティとの関連性が薄いこと等についても論じられた。さらに，市町村合併が与える影響，「テレビ」が有する意味について検討する必要があること，さらに，住民のニーズを今後どのように捉えていくべきかという点にまで議論が及んだ。

今回のワークショップにおいては多くの論点が提示されたが，議論の中で，コミュニティ・チャンネルは内的・外的要因さまざまな影響を受けて多くの論点を内包するものであり，1回のワークショップではその全ての論点を語りつくすには難しい問題であることも明らかになった。そこで，最後には，今回の内容を踏まえて今後も議論を発展させていくことについて諒解された。(参加者30名)

(牛山佳菜代)

ワークショップ・5
「市民ジャーナリズム」の課題と展望

　司　会　者：津田正夫（立命館大学）
　報　告　者：オ・ヨンホ（呉連鎬）（『OhmyNews』代表）
　討　論　者：白石　草（『OurPlanet-TV』共同代表，東京大学），
　　　　　　　神保哲生（『ビデオニュース・ドットコム』代表，
　　　　　　　立命館大学）

　「9・11」以降の報道に典型的に見られるように，企業ジャーナリズムや大組織のジャーナリストが現実政治やグローバリズムなどに必ずしも有効に対応できなくなってきた中で，独立ジャーナリストや市民ジャーナリズムが次第にクローズアップされてきている。ケーブルテレビやコミュニティFMなど地域メディアの急速な普及が市民・住民・NPOのメディア参加を促す一方，websiteやブログの普及にも助けられて"プロ"のジャーナリズムには載らない情報を発信する人たちが激増してきた。放送電波で発信する非営利市民組織は数十団体にのぼり，他方プロのジャーナリスト経験者たちが市民を組織した市民参加型の独立ジャーナリズムを立ち上げてきた。こうした「市民ジャーナリズム」はどのような新たな報道倫理・規範をもち，どのような経営がなされ，既存のジャーナリズムとどのような関係になってゆくのか，その課題と展望を探ろうと試みた。

　まず"ノ・ムヒョン政権を作った"とまで言われる韓国のweb新聞『OhmyNews (OMN)』のオ・ヨンホ代表が，2000年にOMNを創設するにいたった韓国の政治的／社会的な民主化とメディア改革との連動状況をふまえ，現在約100人の社員と「市民はみんな記者だ」という呼びかけで主婦や会社員，学生など42000人の市民記者（英語版は91カ国1000人の市民記者）を有し，完全にジャーナリズムとしての地位を獲得した経緯，さらに06年8月からソフトバンクとの提携によって「オーマイニュース・ジャパン」（編集長・鳥越俊太郎）を創刊し，11月現在2300人あまりの市民記者が登録されている現状を報告した。その過程で，韓国ではニュースの価値判断を決定する主体が，「プレス」から「読者」に変わ

りつつあること，東亜日報など既存のメディアも一定の市民参加を進めてきて，言論状況が相互に関与しあって進化してきていると指摘。一方，増え続ける市民記者の記事の信頼度を高める必要性や，「市民参加」の目標や財政とのバランスなどの現実的な課題も挙げた。

　これに対し日本にビデオジャーナリズムを導入しつつメジャーが忌避する社会的テーマに取り組んできた『ビデオニュース・ドットコム』代表の神保哲生氏は，日本のマスメディアでは「記者はみんな市民だ」というジャーナリストの基本認識が薄れ，権力に密着している現況の中で"まっとうなジャーナリズム"としてのビジネスモデルを再生させていくことの重要性を指摘し，ジャーナリズムの担い手の育成やトレーニングの場所の確保などを問題提起した。他方，市民・当事者が制作・参加する映像ジャーナリズムを試行している『OurPlanet-TV』の白石草共同代表からは，市民作品の映像メッセージの独創性や，市民が持っているさまざまな潜在的な発信能力の豊かさの事例が報告されるとともに，既存メディアからの参加者が増えている意味を問いかけた。

　後半はフロアからの活発な意見をふくめ，「いい記事と読まれる記事との違いは何か」，「新聞の第一義的な価値は"進歩"か"中立"か」，「民主主義はビジネスモデルになるか」などの討論が続いた。本ワークショップには，上記のような動向に関心をもつメディア現場の若い人たちの参加も目立ち，熱気に溢れる論議が展開されたことを付記しておきたい。(参加者32名)

(津田　正夫)

ワークショップ・6
デジタル放送時代における放送制度を考える

　　司　会　者：岡村黎明
　　問題提起者：前川英樹（東京放送），小林宏一（早稲田大学）
　　討　論　者：金　正勲（慶應義塾大学）

　地上テレビ放送の完全デジタル化やユビキタス・ネット社会が現実となりつつある中，政府，与党（自民党）などに，通信・放送分野の改革推進の動きが急だ。"通信放送の在り方に関する懇談会"，"政府・与党合意"，"骨太の方針"などがそれだ。

　司会者が，放送界には，この事態に危機感のあることを冒頭に指摘し議論に入る。

　前川英樹会員からは，放送側の対応を考えるには，まず，政府・与党の狙いを知ることが重要との立場から，"あり方懇"（竹中懇）の論理構成を詳細に分析，報告。その中に含まれる"レイヤー対応規制"，"放送産業からコンテンツ産業への転換政策"に疑問を投げ，地上放送が果たしてきた"基幹放送"や"地域放送"の役割に注意を喚起した。

　小林宏一会員は，変化の本質は，コミュニケーション市場の流通革命で，コンテンツ革命ではない，受信料モデルだけではなく，広告料モデルもあり方を厳しく問われている，既成事実先行と具体例を紹介。事態は数年かけて議論すればよいというものではなく，基幹放送や，ローカル放送の"実"をいかに示すかが，緊急に求められていると強調した。

　金正勲会員（慶大デジタルメディア・コンテンツ統合研究機構准教授）は，米，英，独，日，韓の情報政策の研究から，これまでの日本の情報政策は産業政策としては評価できるとし，レイヤー規制についても，背景の実態を踏まえ，積極的な姿勢を示した。その上で，産業政策と公共政策，放送の公共性のバランスをど

う実現するかが課題だとした。

　さらに，レイヤー対応について，放送はとりあえず現状に据えおかれたものの，法規制に慎重な意見と，このような考え方を前提にとらえる意見との間の議論や，競争促進と公共性は相関的なものか，並列的と考えるかなどの問題点が，三者の間で討論された。

　会場からは活発な手があがり，NHKの問題を議論しなければ，放送制度を考えることにならないとする指摘など，NHKをめぐる意見も多かった。広告などの現状を考えると，放送・通信の融合論は20年遅れているとする意見や，竹中懇にこだわりすぎるのはどうかなど厳しい意見もあった。特に，デジタル放送時代をどうとらえるか，産業論的分析だけでなく，放送の公共性，社会的責任の問題が重要とする意見が印象にのこった。

　しかし，進行中の情報革命の中で，放送の社会的責任と公共性をどのように担保するべきかという方向に，議論を深めることができなかったのは，ひとえに，司会の責任である。(参加者21名)

　　　　　　　　　　　　　　　　　　　　　　　　　　　　(岡村　黎明)

ワークショップ・7
通信・放送融合をもたらす新しいメディア秩序―IPTV を題材に―

司　会　者：音　好宏（上智大学）
問題提起者：田川義博（マルチメディア振興センター），
　　　　　　三浦　基（NHK 放送文化研究所）
討　論　者：藤田高弘（メディア開発綜研）

　近年，電気通信技術の進歩により，通信サービスと放送サービスの技術的な境界は，ますます曖昧になりつつある。そのようななかで注目されるサービスが，このブロードバンドを伝送路とした映像配信サービス，いわゆる IPTV である。IPTV は，ネットワーク環境の整備が進む欧米などの先進主要国を中心に，既存の通信事業者・放送事業者はもちろん，IT 系の新興企業などによる新たなメディアサービスとしても，積極的な事業展開が行われつつある。

　日本においては，世界でも最高水準の高速で廉価なブロードバンド環境が全国的に整備されつつある。他方，IPTV に関しては，すでにブロードバンド環境での映像配信サービスは，新たなメディア・ビジネスとして展開しつつあるが，より訴求力のある映像コンテンツとして注目されているのは，既存の放送番組のブロードバンドでの配信である。ただし，既存の放送事業者には，IPTV の発展は，従来の放送産業構造を揺るがすものになりかねないと警戒する向きも多い。

　その一方で，2005 年 7 月には，総務省が地上デジタル放送の普及促進の方策として，条件不利地域向けに IPTV による地上デジタル放送の同時再送信を認める案が示された。IPTV は，限りなく通信と放送のサービスの境界を曖昧にする。はたして，IPTV の普及・発達は，メディア・コミュニケーションにどのような変化をもたらすのか。

　ワークショップでは，まず問題提起者である田川義博会員より，2006 年 1 月に総務省に設置された「通信と放送のあり方に関する懇談会」での議論などを手がかりに，最近の通信と放送の融合・連携論議，IPTV 論議の整理を行った。そ

の上で，日本におけるブロードバンド映像配信事業の現状を紹介するとともに，海外での事例との比較を行った。その上で，地上放送の再送信問題など，日本における制度的な課題などについて解説するとともに，ネット利用の増大がマスメディアの社会的影響力に変化をもたらしつつあることを論じた。

　もう一人の問題提起者である三浦基会員からは，放送番組制作の現場をよく知る立場から，既存のテレビ放送とブロードバンドによる動画配信とを比較し，そのメディア特性の違いについてまとめるとともに，NHK放送文化研究所が行ったIPTVの利用動向調査をもとに，ブロードバンドで行われているVODサービスでは，その利用が，ごく一部のコンテンツに集中している実態などを紹介。近年のテレビ放送において，生放送の比率が増加していることを紹介しながら，ブロードバンドを伝送路として既存の放送番組を提供するにあたって，視聴者が求めているものとは何なのかを整理した。その上で，個人による動画発信など，近年顕著となったメディア利用者の能動性についても言及した。

　この2人の問題提起を受け，討論者の藤田高弘会員からは，市民による自由な情報発信が可能な空間としてのネットが作りあげつつあるメディア・コミュニティの現状を紹介した上で，そこで生成されていく「規範」の持つ意味や課題などについて解説。IPTVが普及することによって，ネット上で求められていくであろう新たな公共的規範の可能性について言及した。また，メディア利用者のメディア・コミュニケーションに対する能動性が生み出した事件とその後の反響などについて触れながら，ネット空間における有名性／匿名性といった問題と求められるメディア秩序のあり方などについても議論された。

　このような論議を踏まえた上で，ワークショップの参加者全員によるディスカッションとなった。参加者からは，ネット上での自然発生的な市民連携の場の生成が社会的活動を生んでいる事例などが紹介され，ネット空間で生成されるメディア・コミュニケーション秩序の持つ可能性と危うさなどについての論議となるとともに，IPTVの普及・発達が新たな法整備の呼び水になることの意味などについても言及された。また，地上デジタル放送の普及にどこまでIPTVの活用が有効なのかなど，実態に沿った指摘，議論も合わせてなされた。テーマの性格上，議論はやや広がり気味ではあったが，活発な論議がなされた。(参加者32名)

　　　　　　　　　　　　　　　　　　　　　　　　　　　（音　好宏）

ワークショップ・8
「此国」から「我国」へ
――明治期の新聞における「国」と民衆の国家観――

司　会　者：鈴木健二（成蹊大学）
問題提起者：石堂彰彦（成蹊大学院生）
討　論　者：佐々木隆（聖心女子大学）

　明治初期の為政者が「国家」だけでなく「国民」づくりに懸命に取り組んだこと，「国民」づくりに新聞を利用しようとしたこと，などはすでに広く知られている。しかし，民衆が「国民」化されるのは明治もずっと後のことである。そのずれはどうして起こったのか，その間に何があったのか，を追求しようとするのが本ワークショップの目的である。問題提起者の石堂彰彦会員は小新聞の代表格である『読売新聞』の記事を分析することで，そのタイムラグの背景を探ろうとした。そこで発見したのが用語の変化，すなわち「此国」から「我国」への変遷であった。

　石堂彰彦会員は『読売新聞』創刊の1874年から1887年までの新聞記事，社説，投書，広告をつぶさに点検するなかで，70年代までは日本を指し示す言葉として「此国」が多用されていたのに，80年代になると「我国」に取って代わられていることに気づく。それと平行して，新聞の作り方も変わって，次第に高尚化していることにも注目する。すなわち「政府」という言葉に「おかみ」とふり仮名するような"意味ふり仮名"が段々少なくなり，文体も口語体から文語体に移動しつつあったのである。しかも，記事の掲載が無秩序だった70年代と異なって，80年代になると政治関係，社会関係と記事がまとめられるようになり，中央から地方へと記事の序列もできてきた。いったい，これはどうしてなのだろうか。

　一般的に『読売新聞』は婦女童蒙を啓蒙の対象としていたとされている。石堂会員は当時の庶民の階層社会を表店といわれた商人層と裏店と呼ばれた下層民の関係に捉え直して，新聞の購読者と読者の関係に視野を広げてみた。御隠居が裏

長屋の熊公たちに新聞を読んで聞かせるといったイメージであろうか。しかし西南戦争を経て社会が落ち着くにしたがって，表店と裏店の関係に微妙な変化が見られるようになる。表店の裏店に寄せる視線が次第に厳しくなり，競争社会の到来をもって裏店は忌避されるようになっていく。

　石堂会員はこの時代的背景が『読売新聞』の高尚化と符合していることに注視する。新聞の読者層から下民層が排除されていったのではないか。日本という国を客体化させた「此国」が影を潜め，日本を自らと一体化させるような「我国」が増えていったのも，この時代的背景と関係があるのではないかと推論するのである。

　これに対して佐々木隆会員は，「此国」から「我国」への変遷の背景に読者層の分化・分離のあることを認めつつも，『読売新聞』の圧倒的な読者が東京中心であったことを喚起して，最大の読者である東京人＝江戸っ子への『読売新聞』のまなざしもあった可能性があると指摘する。つまり，明治初期に「此国」が使われたのは，佐幕的空気の強かった江戸っ子を意識したとも考え得るのではないかと示唆する。加えて江戸時代から明治に至る用語の連続性と断続性，たとえば「国」とか「日本」といった用語の使われ方の研究も必要ではないかと助言する。佐々木会員の調べによると，時代が少し下るが，『東京朝日新聞』の社説は「我国」が圧倒的だった。

　フロアからも活発な意見開陳がされ，たとえば「我国」といった用語にはナショナリスティックな面もあるが，長い間使われていくと慣用語化することも視野に置くべきだとの指摘もあり，きわめて密度の濃いワークショップであったといえる。(参加者11名)

　　　　　　　　　　　　　　　　　　　　　　　　　　　　　（鈴木　健二）

> ワークショップ・9
> # メディアと戦争の歴史を考える
> ——メディア環境の変化,ジャーナリズムの
> 役割をめぐって——
>
> 司　会　者：長谷川一(明治学院大学)
> 問題提起者：木下和寛(立教大学)
> 討　論　者：井川充雄(静岡大学)

　このテーマを取り上げる契機となったのは,2006年春季研究発表会(関西大学)で行われた日露戦争の際の「帝大七博士事件」をめぐるワークショップ「戦争報道における世論と輿論」である。その日露戦争以来百年。新聞,雑誌にラジオ,テレビ,インターネットが加わり,人びとのメディア接触の態様は大きく変化した。こうしたメディア環境の変化に伴い,政治権力とメディア,輿論,世論の力学はどのように変化したか。歴史をたどりつつメディアの役割を議論する糸口としてのワークショップを企画した。

　問題提起者の木下和寛会員は,世界の指導者は日露戦争のときメディアが戦争に大きな役割を果たすことを初めて知ったと指摘し,戦争とメディアの歴史について解説した。ベトナム戦争で戦況を事実とは逆に発表していた米軍は報道陣を自由にさせていたが,それは米軍の宣伝と戦略の失策をそのまま世界に流すものとなった。これに学んだ英軍は,フォークランド戦争でメディアを自由にさせない政策をとった。孤島での戦争はテレビ中継をさせないことを可能にし,英国は戦況報道の統制に成功した。米軍はこれを湾岸戦争,イラク戦争で応用した。こうしたメディア統制の手法を,日本でも小泉政権が利用した。自衛隊イラク派遣における取材規制では,「安全な場所」に派遣された自衛隊を取材するのに「軍事行動」を前提にしたような内容が随所に盛り込まれた。

　この問題提起を受け討論者の井川充雄会員は,「統制」とは誰が何を統制するのかという問題を考える時,イラク戦争では官邸,防衛庁,現場部隊と権力内部が一枚岩ではないことが露呈したように思われると述べた。また,輿論,国民感

情，報道の位相を，メディアのあり方も含め検討する必要があるのではないかと指摘した。権力側のテレビと新聞の使い分け，メディア特性の違い，発表の際の記者クラブの役割，報道協定の役割なども検討の必要がある。戦地に入っている米テレビ局の転電をメディアや政権はどのように意識しているか。NHKに対する放送命令問題とのかかわりも検討すべきであろう。インターネットの登場，役割をどのようにとらえるか，ビデオ・ジャーナリズムと既存の大手メディアの活動の視点の差異，政治のポピュリズムに戦争報道は縛られるかどうか——井川会員が提示した論点は，戦争とメディアについて検討すべきことが多岐にわたることを痛感させた。

参加者からは，自衛隊イラク派遣に伴う取材規制について「ジャーナリズム意識の衰えではないか」「権力側に将来利用される足がかりを作ってしまったのではないか」「日本は自らの問題として戦争をきちんと位置づけてこなかったのではないか。ジャーナリズムはもっと戦争についてきちんと対峙すべきだった」などメディアに厳しい意見が相次いだ。また，「生命の問題を反復して大切に考えることがジャーナリズムの責務だと思う。その営みこそが，権力に対抗するための方途のひとつではないか。権力とメディアの問題はもっと日常的に問われるべきだ」との発言もあった。

自衛隊イラク派遣で報道界が受け入れた取材ルールについて木下会員は，これが将来にもたらす問題について指摘するとともに，日本のメディアが権力に対抗して行くためには，視聴者に信頼される報道機関としての能力と地位をテレビが確立すること，権力を監視するウオッチドッグ・ジャーナリズムを新聞が再確立することが必要だと提言した。参加者をはじめ，司会者，問題提起者，討論者を務められた会員各位に感謝したい。（参加者37名）

　　　　　　　　　　　　　　　　　　　　　　　　　　　　（有木　靖人）

ワークショップ・10
「グローバル・ジャーナリズム」は可能か
―― 欧米とイスラーム世界のメディアからナショナルな視点を超えるジャーナリズムを考える ――

司　会　者：内藤　耕（東海大学）
問題提起者：鈴木弘貴（十文字学園女子大学），阿部るり（上智大学）
討　論　者：清宮克良（毎日新聞）

　CNNインターナショナルやBBCワールドは，最近，「グローバル・ジャーナリズム」を標榜している。しかし，実際に，グローバルな受け手を対象としたグローバルな視点のジャーナリズムは可能なのかという問いかけが，本ワークショップにつながった。しかも，こうした状況を欧米メディアのグローバル化だけでなく，イスラム世界のメディアの動向にも目を配って読み解こうという点に大きな特徴があった企画であった。

　最初の問題提起者である鈴木弘貴会員は，CNNインターナショナルとBBCワールドの編集方針や報道体制の紹介を通して，欧米メディアのグローバル化の内実を問うた。特に両者に共通する報道姿勢として，第一にグローバル＝マルチナショナルというすり替え，すなわち多様な視点に基づく報道が目指されていると指摘した。また，第二に速報主義・生中継主義に傾斜して「解説・解釈」が後退していることを明らかにした。そして「隠された」ナショナル・バイアスが少なくともニュースの「選択」において見られることを試行的な内容分析の結果に基づき指摘し，単にナショナルなジャーナリズムがグローバル・リーチをもっただけの現状を「グローバル・ジャーナリズム」とよんでよいのかと問いかけた。

　もうひとりの問題提起者の阿部るり会員は，イスラム世界のメディアからの視点を，まず2つの位相から紹介した。つまり，欧米のグローバル・メディアに対する対抗的言説とメディアによって媒介されたイスラーム世界における「情緒圏」の形成である。メディアによって創られた「文明の衝突」はイスラム世界における重層的な「疎外」感――世俗主義的な体制のなかでの「疎外感」，欧米諸国で

の移民としての「疎外感」，9.11以降の世界情勢のなかでの「疎外感」――を強化し，ナショナルな領域を超えてイスラム教徒の感情を動員していくとした。しかも，これがイスラム世界のさまざまなメディアのあいだの「共鳴現象」としておこることに，欧米のグローバル・メディアとの違いを見いだした。

　清宮克良会員は討論者として2つの問題提起をふまえ，2000年米大統領選挙や9.11をワシントンで取材した経験から，CNNインターナショナルの視点がグローバルなものといいうるのか疑問を提示した。特にナショナル・バイアスを避けるためのブレーキング・ニュースの増大について，はたしてそれがジャーナリズムたり得るのか，危惧を感じるとの意見を示した。また，イラク戦争報道に関連して，アルジャジーラの登場が画期的であったとし，阿部会員の問題提起にあった「共鳴現象」との関連に注目したいとした。

　全体の討論では，ジャーナリズムやグローバルといった概念に関して共通理解が構築されていないことから，問題提起者と発言者のあいだで議論が平行線をたどる場面もあった。だが，CNNやBBCが標榜する「グローバル・ジャーナリズム」については，これを批判的にとらえようという問題意識は共通していたように思われる。ワークショップは問題提起の場であり，研究成果発表の場ではないという原則を考えると，ジャーナリズムをとらえる際の会員間の視点の違いが確認できた点は評価できよう。(参加者22名)

（内藤　耕）

日本マス・コミュニケーション学会
『マス・コミュニケーション研究』投稿規程

1．投稿資格
(1)日本マス・コミュニケーション学会会員であること。
(2)投稿時点で，投稿年度までの学会費を完納していること。

2．投稿原稿
(1)テーマ　本学会の趣旨に添うもの。
　［参考］マス・コミュニケーション学会規約　第3条
　本学会は新聞・放送・映画・雑誌等ジャーナリズムおよびマス・コミュニケーションに関する研究，調査ならびにその研究者相互の協力を促進し併せて外国の学会との連絡を図り，以て我が国文化の向上に貢献することを目的とする。

(2)内　容　未公刊の論文または調査研究報告。
　①「論文」とは，独創性・新奇性のある研究成果を論理的・実証的に展開した内容のもの。
　②「調査研究報告」とは，現地調査や計量的な調査によって得られた資料や聴取記録などに関する内容のもの。

(3)原稿字数　総字数20,000字以内（図表等を含む）。原則としてワープロ原稿に限る。『マス・コミュニケーション研究』の体裁は1ページあたり36字×32行となっているので，ワープロ原稿の場合，1行36字で556行以内（図表等を含む）とする。図表は，1個あたり15行換算とする。

(4)形　式
　①投稿原稿の本文を叙述するための言語は，日本語とする。
　②投稿原稿は，別途掲載の「執筆要領」に記された点に注意して記述する。

3．投稿原稿の受付
(1)投稿予定者は，学会会報に記載された応募締め切りの２週間前までに，①論文タイトル（仮題でも可）②論文の概要（400字程度）と簡単な目次を明記のうえ，郵便で学会会報に記された原稿送付先まで送付する。
(2)投稿原稿は，学会会報に記載された締め切り日，送付先にしたがって書留郵便で投稿すること。学会会報に記載された締め切り日までの消印があるものを有効とする。
(3)原稿を投稿する際には，以下のものを一括して学会会報に記された原稿送付先まで送付する。
　　①印字した審査用原稿コピー４部
　　②英文要旨（単語100語以内）のコピー１部，
　　③本文と英文要旨をWordまたはText形式で保存したフロッピーディスク（図表をWord, Excelなどのソフトで作成した場合は，本文・英文要旨と同じフロッピーディスクに保存する）。

4．投稿原稿の掲載
(1)投稿原稿は，編集委員および編集委員会から委嘱された査読者により査読を受けた後，掲載の可否を編集委員会が決定する。
(2)投稿原稿の掲載の可否・順番などについては，編集委員会が決定し投稿者に連絡する。掲載が決まった論文が多数の場合，一部の論文の掲載を次号へ送ることもある。

日本マス・コミュニケーション学会
『マス・コミュニケーション研究』執筆要領

1．原稿の分量，表紙に記載する事項，英文要旨など

⑴　原稿の分量は，総字数20,000字以内（図表等を含む）。原則としてワープロ原稿に限る。『マス・コミュニケーション研究』の体裁は1ページあたり36字×32行となっている。ワープロ原稿の場合，1行36字で556行以内（図表等を含む）とする。図表は，1個あたり15行換算とする。

⑵　原稿執筆の際には，投稿者の氏名，所属などが査読者に判別されないよう叙述に注意する。氏名，所属などの記載が必要な場合には，学会誌掲載が決まり，ゲラを校正する際に再び記述するようにする。

［氏名，所属などが判別されやすい叙述の例］
「拙著『（文献名）』で論じたように」「本論文は科研費（研究代表者名）による共同研究の一部である。」「本調査は著者が所属する（大学名）の学生を対象にした。」

⑶　表紙には論文タイトルの他，本文枚数（ワープロの場合は行数），図表等の枚数，それに氏名，住所，電話（Fax）番号，E-Mailアドレス，所属を明記する。

⑷　文末には，英文要旨（単語数100語以内）を記載する。英文要旨は，主題，目的，分析方法，結論を簡潔に記し，可能な限りネイティブ・スピーカーのチェックを受けて提出する。英文要旨は本文の字数には含まない。

⑸　図表等は，本文とは別用紙に記し，挿入すべき箇所を本文中に指定する。

⑹　和文は全角文字を，数字・英文などは半角文字を基本とする。『マス・コミュニケーション研究』は，横書きで印刷されるので，年月日などは算用数字で記述する。

2．句読点
　本文の句点は全角「。」を，読点は全角「，」を用いる。

3．本文の見出し
　本文に章・節の番号を付け，その後に章・節のタイトルを付ける。章・節を番号のみで分けるのは不可とする。

　［見出しの例］
　　1．幼児期のテレビ視聴
　　　1－1．調査の概要

4．注
　補注を必要とする場合は，（1），（2），…の記号で本文該当箇所右肩に示し，巻末の引用・参考文献の前に〈注〉と明記のうえ一括して記載する。

5．引用・参考文献，本文および注での引用
　(1)引用・参考文献等の記述
　引用・参考文献は以下の例に準じて記述する。

　①　本文中の引用文献・参考文献を著者名のアルファベット順に一括して並べ，論文の末尾に記載する。

　②　同一の著者の場合は，発行年の古いものから順に並べる。論文名は「　」を書名には『　』を付す。

　③　文献の著者はファミリーネーム，ファーストネームの順で示す。

　④　欧文の書名，雑誌名はイタリック体（斜体）で表記する。

　⑤　外国文献の記載は，それぞれの言語の標準的な標記形式に準ずるものとする。

［引用・参考文献の形式］
単行本（単著）：著者名（公刊西暦年）『書名』発行所
単行本（共著の一部）：著者名（公刊西暦年）「論文名」編著者名『書名』発行所
雑誌　引用論文著者名（公刊西暦年）「表題」『掲載雑誌名』巻（号）　発行所

［引用・参考文献の例］
白川静（1979）『初期万葉論』中央公論社
山本幸俊（1983）「近世初期の論所と裁判――会津藩を中心に」北島正元編『近世の支配体制と社会構造』吉川弘文館
西川経一（1957）「源氏物語の『世』と『物』」『季刊文学・語学』6号

⑥翻訳書の場合には，原著および翻訳書を上記の書式に従って記述する。原著者名のあとの原著公表年代と訳書公表年代は＝で結ぶ。翻訳書は，丸括弧で括る。

［翻訳書の例］
Shannon, C.E. and Weaver, W. (1949 = 1969) *The Mathematical Theory of Communication*, The University W.Illinois Press.（長谷川淳・井上光洋訳『コミュニケーションの数学的理論』明治図書）

(2) 本文・注での引用
本文・注での引用は，以下の「方式1」「方式2」のいずれかで記載する。
① 「方式1」
　ⅰ．引用箇所には，文献の著者と公表年代と必要な場合は引用ページを（氏名　文献発行年，引用ページ）の形式で記入する．

　（白川静　1979）（白川静　1979：12-13）（Shannon and Weaver 1949 = 1969：127-28）

　ⅱ．複数の引用文献がある場合には，（氏名1　文献発行年，引用ページ．氏名2　文献発行年，引用ページ）などとする．

ⅲ．同一著者の文献を複数引用するとき，「；」で区切って列記する。

　　　　（西川経一　1979：11；1980：9）（Shannon 1949：11；1951：25-26）

ⅳ．同一著者が同一年で複数の公表があるとき，a，b…を付して区別する。

　　　　（西川経一　1979a：37）（Shannon 1949a：11）

ⅴ．同一文献の複数箇所を引用するとき，「，」で区切って列記する。

　　　　（西川経一　1979：11，19）

ⅵ．翻訳書の場合には，原著公表年代と訳書公表年代を＝で結ぶ。

　　　　（Shannon 1949 ＝ 1969：25）

ⅶ．引用文献を本文中の注に入れた場合，引用した文献名を文末の「参考・引用文献」欄にかならず記載する。

② 「方式２」
ⅰ．引用箇所の最後に通し番号の肩括弧数字を記載する。「方式２」の場合，補注も引用と一括して記載する。

　　「……だ。$^{(1)}$」「……と言える。$^{(12)}$」

ⅱ．論文の末尾に〈注〉と明記のうえ，引用を通し番号順に一括して記載する。なお，〈注〉の中での引用・参考文献の記述の仕方は「5．引用・参考文献，本文および注での引用」に準じて著者名，公刊西暦年，書名・論文名，発行所・雑誌名を記述したあとに，引用ページを付ける。

［注の例］

(1) 山本幸俊（1983）「近世初期の論所と裁判——会津藩を中心に」北島正元編『近世の支配体制と社会構造』吉川弘文館　22-23
(2) 西川経一（1957）「源氏物語の『世』と『物』」『季刊文学・語学』6号　12-13

6．図・表・写真の取り扱い
(1) 図・表・写真等は，別用紙に作成する。

(2) 挿入すべき箇所を本文原稿の上欄外に指示してください。

(3) 図（写真を含む）・表には，図1，図2，…，表1，表2，…のように通し番号を付け，必要ならば図表の簡潔な説明文（キャプション）を付ける。

［説明文の事例］
　　　図1　5年間の報道量の推移　　　表5　インターネットの利用方法

7．ページ番号（ノンブル）の記入
　原稿には必ずページ番号を付ける。

以　上

The origin of the "Advertising Creator": Discourse network between "Shougyou-Bijyutsuka" (Commercial Artist) and "Formalist" in 1920's Japan

KASHIMA, Takashi

The purpose of this article is to make the history of relationship the category of "Advertising Creator" with the ambiguous ability such as "Creativity" clear. The methodology of this article is discourse analysis in 1920's. First, "Shougyou-Bijyutsuka" was the origin of the "Advertising Creator", and that wasn't ambiguous category at all. Second, "Creativity" had negative meanings when "Advertising Creator" defined by distinguishing from the "Artist". Third, the positive of the "Advertising Creator" and the negative of the "Creativity" are constructed by the discourse network Psychology and Marxism. By them, this article submitted the perspective as "Formalist" for the "Advertising Creator".

The generation of FM radio as "Music Media": The transformation of media functions at the early stage of Japanese FM radio

MIZOJIRI, Shinya

Japanese FM radio is now considered as a music media which is distinct from other broadcast media such as AM radio. However, FM radio was originally planned as an educational media. Many political and cultural factors influenced the process of the formation of FM radio as a music media. During this process, sound, not music, was an essential factor.

This article discusses the functions given to FM radio with a historical description on how the main role of FM radio changed from educational broadcasting, during the end of the 1950s when its experimental broadcasting started, to music broadcasting in the early 1970s when its formal broadcasting began.

Making sense of the news story among Breakfast TV: its production and process in intelligibility of the risk of BSE or "mad cow disease" in Japan

KORENAGA, Ron
SAKAI, Shinichiro

Abstract

This paper attempts to understand risk, namely that of BSE in Japan from morning news programs. We analyzed broadcast from January and February 2006 that examined BSE and the ensuing ban on import of U.S. beef to Japan according to Membership Categorization Analysis. We found that each actor drew its own borders, distinguishing between "Japanese" and "Americans," so as to make the differentiating between the observable and the accountable. We also found that actors and their actions in media coverage are coherent and consistent according to the relevancy of the situation, thus giving perspectives to the discourse.

編集後記

　第30期編集委員会として発行する最後の『マス・コミュニケーション研究』となった。第71号での新たな試みとして企画委員会と連携し，2007年度春季研究発表会のシンポジウム「水俣病事件報道を検証する」の再録することにした。シンポジウムの再録は前誌『新聞学評論』時代は盛んに行われていたが，近年は掲載スペースの関係からか途絶えていた。

　今回，企画委員会から以下のような問題提起があった。毎年企画されているシンポジウムが，研究発表会のその場限りで終わってしまう嫌いがある。シンポジウムを反省的に回顧し，学会の共有財産として保存・継承すべきである……。編集委員会としては，『マス・コミュニケーション研究』の発行スケジュールや掲載スペースが許すかぎり，企画委員会の提起に協力することとした。71号では再録という形をとったが，その他にシンポジウムの登壇者が当日の議論を受けて，あらためて論文を書き起こす特集形式も考えられるであろう。ただし一方で，シンポジウムを毎回機械的・自動的に掲載するのではなく，学会誌に相応しい水準となっているかを吟味し，掲載方法も工夫する必要もあろう。

　今期の編集委員会では，投稿論文の掲載スペースを増やすために特集企画を隔号にする，投稿論文の再投稿ルールの見直し，誌面の横組への移行など，『マス・コミュニケーション研究』を充実させるための様々な試みを行ってきた。その試みが成果として現れているものもあり，また一方で次期の編集委員会に課題として引き継ぐべきものもある。

　例えば，71号への投稿論文は，事前登録が27本，実際の投稿が24本と例年になく多かったのに対し，掲載がきまった論文が3本とやや厳しい結果となった。これは，投稿論文の掲載スペースを増やすという編集委員会の方針に反している。若手の研究者に対して，真に教育的効果を持つ査読方式や再投稿制度のあり方を再考する必要があろう。また，海外学会・研究者との交流の場として，横書きに移行した本誌をどう活用していくのかなど，まだまだ検討課題は多い。

（編集委員会・担当理事）

「マス・コミュニケーション研究」からの転載についてのお願い

　この「マス・コミュニケーション研究」収載論文ないしシンポジウム等の記録を転載等の形で利用する場合には，事前に著作者から著作権利用についての許諾を得ると同時に，日本マス・コミュニケーション学会理事会の了承を得，また転載等の旨を付記し，掲載した刊行物一部を日本マス・コミュニケーション学会事務局宛にお送りくださるようお願いします。

　なお，以上についての連絡は，学会事務局を通じて行ってください。事務局の所在地・電話番号は下記の通りです。

〒185-8502　東京都国分寺市南町1-7-34
東京経済大学内
日本マス・コミュニケーション学会事務局
電話 042-328-7890　FAX 042-328-7774

編集委員（第七一号）

・担当理事
藤田真文　中村美子
佐藤卓己

・編集委員
石川　明　　遠藤　薫
貴志俊彦　　北田暁大
後藤嘉宏　　是永　論
佐幸信介　　竹下俊郎
谷川建司　　内藤　耕
丹波美之　　平林紀子
藤村正之　　本橋春紀
山口　誠　　横山　滋
渡辺　潤
（五十音順）

マス・コミュニケーション研究　第71号
（新聞学評論・改題）

2007年7月30日発行

編集・発行
日本マス・コミュニケーション学会
〒185-8502　東京都国分寺市南町1-7-34
東京経済大学内

日本マス・コミュニケーション学会事務局
電話　042-328-7807／FAX　042-328-7774
E-mail：mscom@tku.ac.jp／振替00100-9-77137

発　売　学　文　社
〒153-0064　東京都目黒区下目黒3-6-1
電　話　03-3715-1501／FAX　03-3715-2012

Ⓒ2007 The Japan Society For Studies In Journalism And Mass Communication Printed in Japan
ISBN 978-4-7620-1719-3